# INDICADORES FRAGMENTADOS

Traduzido por
Paulo Benício

# N. T. WRIGHT

JUSTIÇA

AMOR

ESPIRITUALIDADE

BELEZA

LIBERDADE

VERDADE

PODER

# INDICADORES FRAGMENTADOS

COMO O CRISTIANISMO COMPREENDE O MUNDO

Título original: *Broken Signposts*
Copyright © 2020 por Nicolas Thomas Wright
Edição original por HarperOne. Todos os direitos reservados.
Copyright da tradução © Vida Melhor Editora S.A., 2020.

As citações bíblicas do Novo Testamento são traduzidas da versão do próprio autor *The Kingdom New Testament: A Contemporary Translation* [Novo Testamento do Reino: uma tradução contemporânea], copyright © 2011 por Nicholas Thomas Wright, a menos que seja especificada outra versão da Bíblia Sagrada. Nos versículos do Antigo Testamento, o autor escolheu usar "YHWH" onde aparece "Senhor".

Os pontos de vista desta obra são de responsabilidade de seus autores e colaboradores diretos, não refletindo necessariamente a posição da Thomas Nelson Brasil, da HarperCollins Christian Publishing ou de sua equipe editorial.

| | |
|---:|:---|
| Publisher | *Samuel Coto* |
| Editores | *André Lodos Tangerino e Bruna Gomes* |
| Copidesque | *Jean Xavier* |
| Revisão | *Davi Freitas e Francine Torres* |
| Diagramação | *Sonia Peticov* |
| Capa | *Rafael Brum* |

**DADOS INTERNACIONAIS DE CATALOGAÇÃO NA PUBLICAÇÃO (CIP)**
**(Benitez Catalogação Ass. Editorial, Campo Grande/MS)**

---

W934i
    Wright, N. T.
    Indicadores fragmentados: como o cristianismo compreende o mundo / N. T. Wright; tradução de Paulo Benício. — 1.ed. — Rio de Janeiro: Thomas Nelson Brasil, 2020.
    208 p.; 15,5 x 23 cm.

    Tradução de *Broken Signposts*
    ISBN 978-65-56890-80-7

1. Espiritualidade. 2. Teologia. 3. Vida cristã. 4. Filosofia. 5. Evangelho de João. I. Benício, Paulo. II. Título.

8-2020/74      CDD: 248.4
                  CDU 2-14

---

Índice para catálogo sistemático:
1. Espiritualidade: filosofia
2. Teologia: evangelho de João
3. Vida cristã

Aline Graziele Benitez — Bibliotecária — CRB-1/3129

Thomas Nelson Brasil é uma marca licenciada à Vida Melhor Editora LTDA.
Todos os direitos reservados à Vida Melhor Editora LTDA.
Rua da Quitanda, 86, sala 218 — Centro
Rio de Janeiro — RJ — CEP 20091-005
Tel.: (21) 3175-1030
www.thomasnelson.com.br

# SUMÁRIO

| | | |
|---|---|---|
| | *Prefácio* | 7 |
| | *Introdução*: Os sete indicadores | 11 |
| **UM** | Justiça | 23 |
| | *Interlúdio*: sobre ler João | 39 |
| **DOIS** | Amor | 45 |
| | *Interlúdio*: o amor da aliança de Deus na imaginação bíblica de João | 64 |
| **TRÊS** | Espiritualidade | 71 |
| | *Interlúdio*: o Messias em João | 91 |
| **QUATRO** | Beleza | 99 |
| | *Interlúdio*: João e as festividades judaicas | 117 |
| **CINCO** | Liberdade | 123 |
| | *Interlúdio*: sobre ler João e ouvir Jesus | 138 |
| **SEIS** | Verdade | 145 |
| | *Interlúdio*: Então quem é Jesus? | 161 |
| **SETE** | Poder | 167 |
| | *Conclusão*: consertando os indicadores fragmentados | 193 |
| | *Índice* | 197 |

# PREFÁCIO

Alguns anos atrás, escrevi um manual sobre a fé cristã chamado *Simplesmente cristão*,[1] em que usei quatro grandes temas como ponto de partida: justiça, espiritualidade, relacionamentos e beleza. Esses quatro temas se cristalizaram em minha mente, lentamente e ao longo de alguns anos, enquanto eu tentava pensar na mensagem cristã relacionada a questões mais amplas da vida e sociedade humanas.

Na época, eu trabalhava em diversos empregos que me forçavam a viver na intersecção complicada entre igreja e Estado, além de ter o desafio constante de, como pastor e pregador, relacionar o evangelho verdadeiro ao mundo real. Naquele livro, descrevi esses quatro como "ecos de uma voz": quando refletimos sobre eles, é como se ouvíssemos alguém nos chamando do outro lado da esquina, fora de vista. Sugeri que, embora esses quatro não indicassem necessariamente a verdade de Deus ou da fé cristã (muitas pessoas reconhecem sua importância sem nem se sentirem atraídas a adorar o Deus revelado em Jesus), quando pensamos na história cristã e em seu significado com essas questões em mente, existe um "ajuste" natural que é mais do que uma coincidência imprecisa.

---

[1] WRIGHT, N.T. *Simplesmente Jesus: por que o cristianismo faz sentido*. São Paulo: Ultimato, 2008.

Desde então, refleti muito sobre esses quatro temas e, à medida que meu pensamento se desenvolveu, acrescentei três itens que também experimentamos como ecos dessa voz: liberdade, verdade e poder. Agora me parece que tanto essa lista ampliada quanto meu pensamento sobre como a fé cristã a explica precisam ser discutidos mais profundamente, assim como precisamos de que todos os sete estejam "em jogo" se desejarmos trabalhar a favor de uma vida humana e sociedade sábias e maduras. Vejo esses sete não simplesmente como "temas" ou "questões", mas como indicadores. Os indicadores dão nome a uma realidade e nos orientam em uma direção. Da mesma maneira, esses sete sinalizadores indicam realidades que todas as culturas humanas valorizam e apontam para além do significado da vida e do mundo. Na verdade, mostram como devemos "compreender" o mundo — isto é, de que modo devemos entender como ele é e o desafio de ser humano dentro dele. O fato de nos importarmos e de ficarmos intrigados com eles nos diz algo sobre o "sentido" profundo do mundo.

Mas eles, por si sós, podem não nos contar tudo o que gostaríamos de saber. É por isso que, em outro livro mais recente,[2] eu os descrevo como "indicadores fragmentados". O ponto é que os sete temas parecem realmente funcionar como indicadores que nos permitiriam compreender o mundo: sua aparição constante de diferentes formas em tudo, desde a grande ópera até os editoriais de jornais, deixa isso bem claro, mas todos eles nos decepcionam. No entanto, esse caráter "fragmentado" de tais sinalizadores acaba sendo fundamental no discernimento do que realmente querem dizer.

Dessa forma, para que isso faça sentido, precisamos trazer uma voz diferente para a conversa. Na discussão anterior, refleti sobre

---

[2] WRIGHT, N.T. *History and Eschatology: Jesus and the Promise of Natural Theology* [História e escatologia: Jesus e a promessa da teologia natural]. Waco: Baylor University Press, 2019.

os sete "indicadores fragmentados" com relação à mensagem cristã como um todo. Neste momento, quero fazer algo bem diferente e convidar o Evangelho Segundo João a subir ao palco e nos apresentar o assunto. Não restam dúvidas de que existem outras partes da Bíblia que poderíamos abordar do mesmo modo, mas tenho um palpite, o qual explorarei aqui neste livro, de que João proporcionará uma visão nova e muitas vezes inesperada, e nos mostrará de que modo os sete temas realmente funcionam como indicadores, ainda que fragmentados, e nos permitem entender definitivamente o mundo maior em que eles são questões vitais, porém difíceis.

Assim como em muitas outras ocasiões, sou grato pelo incentivo e apoio editorial que recebi de Mickey Maudlin, da HarperOne, e, nesse momento, também de Jana Reiss. Este livro é dedicado a meu velho amigo e colega Carey C. Newman. Há quase trinta anos, nossos caminhos se entrelaçam nos níveis acadêmico e pessoal. Sua amizade, seu encorajamento e seu bom gosto na irrigação das montanhas têm sido um consolo nos tempos difíceis e um deleite nos bons. É bem provável que ele desejasse editar o presente livro de forma um pouco diferente; todavia, assim como em algumas outras áreas, deduzo que continuaremos desfrutando tanto das nossas divergências quanto das nossas muitas e profundas semelhanças.

N. T. Wright<br>
Wycliffe Hall, Oxford<br>
Dia da Epifania do Senhor, 2020

# INTRODUÇÃO

## OS SETE INDICADORES

O FILÓSOFO FRANCÊS JEAN-PAUL SARTRE sugeriu, certa vez, uma definição de inferno como "outras pessoas". Sendo eu um extrovertido, não poderia concordar com essa afirmação, mas, de qualquer forma, tenho minha própria sugestão alternativa. Para mim, o inferno são as instruções incompreensíveis que vêm com os móveis desmontáveis. Abaixo-me, desajeitadamente, até o chão, tentando não me ajoelhar nos elementos menores do quebra-cabeça que tanto me esforcei para espalhar em um padrão que fizesse sentido. Leio as instruções novamente. Será que os fabricantes me enviaram as peças erradas?

Nada parece se encaixar. Sim, aqui temos as duas partes do guarda-roupa, as quais correspondem às da foto na caixa. Tivemos de comprar um armário desmontável porque nosso velho guarda-roupa não passaria pela porta do novo quarto. Mas onde está a parte que une as peças? Como essas pequenas engenhocas de metal funcionam e como posso fazer o que as instruções dizem, parafusá-las no lugar, sem possuir uma terceira mão para segurar tudo junto enquanto aperto? Como posso compreender tudo isso?

O que realmente me incomoda é que, aparentemente, isso deveria funcionar. Já montei peças o suficiente para saber a sequência de emoções. Começo com muitas esperanças: a foto na caixa me diz que é exatamente isso que precisamos colocar na parede do quarto. Tudo o que temos de fazer é juntar os elementos!

Mas, depois de meia hora de luta, sinto minha confiança indo embora. Em seu clássico *Zen e a arte da manutenção de motocicletas*,[1] Robert M. Pirsig descreve um momento como esse, em que seu herói tenta — e fracassa em — consertar algo em sua motocicleta. Ele chama isso de "assobio de escape do bom senso". Na mosca! *Sabemos que isso deve fazer sentido, mas não podemos fazer com que faça*. E, no momento em que admitimos isso, o ânimo arrefece consideravelmente. Não somos capazes de entender por que algo que se deveria encaixar parece não fazê-lo e por que nós mesmos não conseguimos consertar, montar o guarda-roupa corretamente e não podemos (nesse sentido) "compreendê-lo", dando ao que quer que seja o "sentido" que deveria ter. Pode ser que cheguemos a um ponto em que desejemos jogar o kit inteiro pela janela.

Isso nos leva de volta a Jean-Paul Sartre e ao ponto central deste livro. Os seres humanos costumam experimentar o mundo como um todo como algo que deveria fazer sentido. Existem diversos sinais — ou, caso prefira, pistas — relacionados ao tipo de sentido que ele deveria fazer, porém, as coisas não funcionam da forma que parecem indicar.

Tomemos dois exemplos óbvios, os quais exploraremos mais no momento certo. Todos sabemos que a justiça é importante, mas até mesmo nos melhores sistemas ocorrem erros, pessoas inocentes são condenadas, criminosos conseguem escapar, e passamos a desconfiar de juízes, júris e de todo o sistema. Da mesma maneira, todos sabemos como os relacionamentos são importantes, mas acabamos — com uma frequência deprimente — não compreendendo e machucando uns aos outros, prejudicando até mesmo nossas relações mais importantes, às vezes para sempre. Esse é o ponto em que

---

[1] PIRSIG, ROBERT M. *Zen e a arte da manutencao de motocicletas: uma investigacao sobre os valores*. São Paulo: WMF Martins Fontes, 2015.

Sartre sugere jogar o kit inteiro pela janela, dizendo que a vida não passa de uma piada doentia.

O mundo promete bastante, sorrindo sedutoramente, dizendo-nos como as coisas serão boas, mas nunca acaba sendo assim, e, ainda que por um tempo seja assim, existe uma verdade obscura e má a ser enfrentada em breve que destaca o ceticismo de Sartre. Alguns filósofos ousados sugeriram que, mesmo se a morte significar a destruição total, ainda podemos compreender o mundo. Todavia, para muitas pessoas, isso parece uma tentativa de disfarçar o medo.

Então, o que dizer dos indicadores, as características do nosso mundo que, assim como a foto na caixa do móvel desmontável, parecem apontar que podemos e devemos "compreendê-lo" nos dois sentidos: que precisamos ser capazes não só de entender o que é a vida ("compreender por que as coisas são como são"), mas também de contribuir criativamente com ela ("compreender" para seguir por um caminho novo e criativo")?

Neste livro, discuto essa questão por duas perspectivas bem diferentes, porém convergentes. Por um lado, exploro o que chamo de sete "indicadores fragmentados", as características do nosso mundo que, como os dois que acabei de citar — a justiça e os relacionamentos —, parecem apontar para algum significado real e duradouro, mas que muitas vezes nos decepcionam no momento mais importante. Acredito que esses sete indicadores sejam reconhecidos como tais por praticamente todas as sociedades em todas as eras da história. Em culturas muito diferentes, os seres humanos sabem que essas coisas são fundamentais e lutam igualmente com o fato de que não costumam entendê-las.

Os grandes filósofos escreveram sobre essas questões de forma abstrata. Por exemplo: *A República*, de Platão, aborda a questão da justiça, ao passo que sua obra *O banquete* é uma discussão sobre o amor. Os grandes romancistas e dramaturgos fizeram a mesma coisa, e muitas luzes menores preencheram os detalhes, de modo que até a série de TV mais vulgar se concentra na justiça, nas amizades, na liberdade e em todo o restante. Isso ressalta o fato de que essas questões são fundamentais em nosso mundo, essenciais em nossas vidas e, mesmo assim, profundamente intrigantes. Este é, portanto, o primeiro caminho: analisar, mais detalhadamente, esses sete indicadores e explorar o que sua fragmentação pode-nos dizer.

Por outro lado, o segundo caminho oferece uma nova alternativa ao analisar detalhadamente um texto que os seguidores de Jesus de Nazaré viram desde cedo como central e vivificante. Meu argumento principal neste livro é que, quando entendermos a mensagem cristã, veremos que ela realmente "compreende" o nosso mundo porque tanto nos ajuda a ver o mundo como ele é quanto é capaz de contribuir com um novo "sentido" para nossas próprias vidas. Contudo, seria uma grande missão tentar apresentar toda a mensagem cristã, por isso escolhi concentrar-me em um texto — o Evangelho Segundo João —, pois acredito que ele oferece ideias pertinentes e muitas vezes surpreendentes sobre essas questões, as quais todos os seres humanos em todas as sociedades consideram vitais.

O Evangelho Segundo João, o quarto evangelho do Novo Testamento cristão, tem sido muito amado por cerca de dois mil anos. Pessoas de grande sabedoria e discernimento espiritual o consideram uma fonte inesgotável de inspiração. Pensadores cultos refletiram sobre ele. Milhões de sermões foram pregados tendo-o como base. Sua frase de abertura — "no princípio era a Palavra" — ecoa nas ondas do rádio todo dezembro nos milhares de cultos na véspera de Natal. É uma frase que percebemos instantaneamente como sendo simples, mas ao mesmo tempo infinitamente profunda em suas muitas implicações possíveis.

Algumas das cenas importantes de João — o ilustre Nicodemos se aproximando de Jesus à noite, a ressurreição de Lázaro dentre os mortos, a "dúvida de Tomé" ao estender a mão para tocar as feridas de Jesus — foram pintadas por grandes artistas e transformadas em músicas maravilhosas por compositores talentosos, ficando gravadas, assim, na imaginação do mundo. No entanto, esse evangelho, eternamente profundo, uma obra cheia de beleza por si só, não costuma ser a opção das pessoas quando desejam refletir sobre os sete indicadores. Todavia, penso que chegou a hora de fazermos exatamente isso.

Ao unir o desafio de "compreender o mundo" e o convite para uma nova análise do evangelho de João, adoto uma postura muito diferente daquelas que consideram a essência da mensagem de Jesus uma forma de fugir do mundo. Em todas as variedades da fé e vida cristã, as pessoas costumam concordar, ao menos em parte, com Sartre: a vida é desagradável e sem sentido, e o melhor a fazer é trocá-la por um mundo melhor, geralmente, conhecido como "céu". Compreendo perfeitamente como, num mundo onde a brutalidade e a corrupção parecem ser a regra e onde doenças ou "desastres naturais" ameaçam comunidades inteiras, alguém pode chegar a uma conclusão como essa, e também como as pessoas que enfrentam ameaças tão terríveis conseguem olhar para mim, um ocidental tranquilo, e pensar: "você não sabe como é realmente difícil". Eu realmente entendo.

Mas, desde o começo, parte da fé cristã sempre foi a convicção de que o Deus revelado em e por meio de Jesus é, precisamente, o criador do mundo, e que ele prometeu consertá-lo. Essa é a base sobre a qual, mesmo nos momentos mais sombrios (que podem afetar até nós, ocidentais tranquilos, de diversas formas), a resposta não é fugir do mundo, e sim, na medida do possível, "compreendê-lo" nos dois caminhos que indiquei. Esse é o objetivo deste livro.

Então, quais são esses sete indicadores e como devemos abordá-los? Já mencionei dois óbvios: a justiça (honestidade, uma sensação de que as coisas precisam ser "consertadas", "endireitadas") e os relacionamentos (com foco na tão usada palavra "amor", mas irradiando em todas as direções). Como já contei, em um livro anterior (*Simplesmente cristão*), acrescentei dois: a espiritualidade e a beleza. Agora, adiciono três: a liberdade, a verdade e o poder, totalizando sete.

Essas palavras não dizem tanto. São rótulos inadequados. Na verdade, quanto mais nos aproximamos da realidade que essas palavras trazem e das questões reais que nos apresentam, mais inadequadas parecem ser. Elas mostram tanto quanto uma foto de documento da pessoa que você mais ama na vida. Mas, no momento certo, elas vão funcionar. Cada um dos sete dá nome a um dos grandes questionamentos da vida, e, juntos, servem como base para praticamente todos os outros aspectos de como nós, seres humanos, relacionamo-nos uns com os outros e também com o mundo.

Meu argumento é que em cada caso enfrentamos o mesmo quebra-cabeça, uma vez que todos os sete são vistos amplamente como formas de "compreender o mundo". Os romanos antigos acreditavam que seu sistema de justiça daria sentido para tudo. Maquiavel demonstrou — e muitos colocaram suas ideias em prática — que o poder puro é necessário, mesmo que você precise mentir e trair para fazê-lo funcionar; os Estados Unidos comemoram sua longa tradição de liberdade; e assim por diante. É como se todos soubéssemos que essas coisas nos ajudarão a entender nosso mundo, mas a maioria de nós não soubesse ao certo como montar a imagem completa (mais uma vez, assim como meus móveis desmontáveis).

Se quisermos, podemos tentar evitar esses indicadores, mas eles reaparecerão. Às vezes, surgem repentinamente quando pensávamos estar livres deles. Eles são os quebra-cabeças que estão por trás da maioria das notícias. Estão sob os desafios que os políticos amariam resolver de uma vez por todas, mas nunca conseguem. Eles nos incomodam nas páginas de um grande romance. Incomodam-nos enquanto refletimos sobre um poema. E a maioria deles aparece, de uma maneira ou de outra, em todo bom filme. Os aborrecimentos e as tensões da vida familiar os trazem aos nossos olhos novamente, e eles são fascinantes, embora frustrantes. Se pensar sobre eles é o passatempo de todo filósofo, deixá-los sem solução é o seu pior pesadelo. Parece que esses indicadores são a chave para compreendermos o mundo, bem como compreendermos o sentido de ser humano e o que significa florescer e prosperar.

Toda filosofia, toda religião, todo sistema político e toda sociedade defendem algum tipo de visão dos sete indicadores que tenho em mente. Na verdade, toda criança, toda mulher e todo homem também têm um ponto de vista sobre eles, embora muitos apenas presumam, até que algo dê errado e, então, repentinamente, o sinalizador relevante volte, mais uma vez, na forma de um desafio, de uma pergunta ou de um quebra-cabeça. Se você tentar ignorar qualquer um deles, eles não apenas podem se vingar, como certamente o farão. Uma vida genuinamente humana — e *sábia* — é aquela que aprende a reconhecer esses sinalizadores, por mais confusos que muitas vezes possam ser, e a lutar com seu significado de forma inteligente e sendo sensível às diversas outras pessoas que estão tentando fazer o mesmo à sua maneira. Talvez esses sete indicadores funcionem como os sistemas de segurança em que você só é capaz de entrar no cofre mais interno se todos os sete detentores independentes das chaves aparecerem e trabalharem juntos.

No entanto, os indicadores não são apenas intrigantes, mas sim, como explicarei, "fragmentados". Certa vez, usufruímos de um feriado em família em uma região rural remota, onde tentamos encontrar o caminho pelas estradas secundárias, descobrindo logo que, por acidente ou algum truque intencional, algumas das placas de sinalização, em vários cruzamentos, haviam sido viradas para nos levar à direção errada. É isso que acontece com todos os sete "indicadores" que listei. Alguns deles parecem de fato apontar para a direção oposta: se insistirmos nos relacionamentos, podemos criar um mundo em que algumas pessoas sintam sua liberdade ser comprometida, e vice-versa. Esse dilema está por trás de muitas situações familiares tensas e de muitos problemas políticos perigosos. Lembro novamente que muitos acusaram os cristãos (e outras pessoas de fé) de se concentrarem muito na espiritualidade a ponto de esquecerem a justiça, e, mais uma vez, em diversas ocasiões os cristãos reverteram a acusação, principalmente contra governantes ateus. Quanto à verdade e ao poder, é comum abordarmos a necessidade de "falar a verdade ao poder", mas, se tem algo que pessoas poderosas fazem bastante é reprimir a verdade.

Daí, surge a pergunta: esses sete indicadores são apenas ilusões? São lembranças das diversas coisas que nossos ancestrais distantes tiveram de enfrentar em sua necessidade de alimentar-se, procriar, lutar ou fugir? Se sim, será que isso significa que nada mais lhes resta — ou seja, que tudo, mais uma vez, não passa de uma piada de mau gosto? Nesse caso, a única coisa que resta pode ser aproveitar-se ao máximo da vida e deixar o diabo levar o restante.

Espere um minuto! Onde o diabo entrou? "Ah, é apenas uma forma de falar", as pessoas responderão. Bem, talvez! Ou talvez não! O fato de estarmos todos cientes desses sete indicadores, de que de alguma maneira tentamos viver de acordo com eles, mas que todos nós ainda parecemos errar, mostra que, afinal de contas, existe uma falha fatal no mundo, uma reviravolta na história cósmica, algo nos impedindo ativamente de chegar à realidade ou ao significado implícito da vida? Pode ser que nunca sejamos capazes de "compreender" a coisa toda? Alguns acreditam que sim, embora esse problema, assim como os próprios indicadores intrigantes, continue sendo um mistério.

Seja qual for o caso, não condiz muito com a vida real — nem com as peças, as óperas, os romances clássicos e os poemas de todas as culturas — ver que esses sete indicadores são realmente temas de valor universal. Estamos todos tentando compreender nosso mundo, e mesmo que esses indicadores estejam "fragmentados" — no sentido de que cada um deles nos leva a progredir e depois nos frustra —, sabemos que eles são de vital importância.

Se esses sinalizadores parecem nos oferecer, de maneira indireta, pistas de como podemos compreender nosso mundo, será que nos trazem também indicadores da possibilidade de um Criador, um Deus que fez o mundo e ainda se importa com ele? Muitos pensam assim, sugerindo que nosso senso inato de justiça, liberdade e outras qualidades apontam para a forte possibilidade de que nós, seres humanos, fomos criados para refletir, em nossos instintos mais íntimos, algo do caráter desse Criador. Mas esse ponto de vista sofreu ataques tão duradouros nos últimos dois séculos que não podemos simplesmente defendê-lo. E, na verdade, a característica "fragmentada" dos indicadores costuma ser vista como se significasse que não se deve deduzir nada.

Em *History and Eschatology* [História e escatologia], eu argumento que, quando conseguimos entender toda a história que tem Jesus de Nazaré como centro, esses indicadores podem realmente ser resgatados: afinal, estavam apontando na direção certa, ainda que, por serem "fragmentados", fossem incapazes de nos dar as instruções completas de que precisávamos. Aqui, minha abordagem é diferente. Ao analisar criteriosamente uma das narrações cristãs antigas mais importantes da história de Jesus, minha ideia é que possamos verdadeiramente usar esses indicadores para entender nosso mundo de maneira que sejamos capazes de trazer uma nova compreensão de como ele é, e, assim, darmos uma contribuição concreta ao novo "sentido" que o Criador deseja para sua criação.

# JUSTIÇA

Estávamos jantando com amigos. O marido é um colega acadêmico, mas, como mora do outro lado do mundo, não nos encontramos com tanta frequência. Ele e eu estávamos ansiosos para conversar sobre muitas coisas: quem estava pesquisando sobre o que, a teoria mais recente a respeito de Paulo, quem deveria ser o próximo professor em determinada universidade, e assim por diante. Porém, a logística de assentos para a refeição não funcionou dessa maneira. Em vez disso, meu amigo estava sentado ao lado de minha esposa, cujo interesse em estudos bíblicos acadêmicos é ainda menor do que meu interesse pela biologia da minhoca.

Os dois não se conheciam muito bem, contudo, ele perguntou quase imediatamente o que ela estava lendo e, do outro lado da mesa, vi seu rosto se iluminar. Ela citou um escritor de romances policiais, depois outro. Sim, ele também os estava lendo! E, em poucos segundos, ambos estavam tecendo comentários, comparando favoritos e, por fim, trocando endereços de e-mail.

O que há nos romances policiais? Algumas pessoas me provocam dizendo que *é claro* que minha esposa gosta de tal gênero, pois, sendo casada com um bispo, possui uma visão muito próxima do lado distorcido da vida. Bem, talvez! Todavia, penso que seja mais que isso.

A questão dos romances policiais — e isso não é um bicho de sete cabeças, mas me ajuda a entender o que está acontecendo — é que *a justiça é praticada no final*. O mistério é solucionado, e o assassino é identificado e costuma ser detido, acusado e condenado. Há um suspiro coletivo de alívio. Não me importo com os elementos medonhos ou sangrentos de histórias como essas, mas consigo entender bem a satisfação de ver tudo resolvido no fim.

Esse é um desejo humano universal. Todos sabemos que as coisas estão fora de ordem: no mundo, no meu país, no seu país, na minha vizinhança e na sua, na minha família e talvez na sua. Se recebêssemos uma folha de papel em branco e tivéssemos de escrever nela os nomes das pessoas que já fizeram algo errado conosco, a maioria de nós não teria dificuldade em preencher a página. Se fôssemos honestos, poderíamos criar também uma lista de pessoas contra quem *nós* fizemos algo errado, e a maioria desses erros permanece sem desfecho. Como feridas não tratadas, acabam infeccionadas.

É assim que as guerras começam: ressentimentos de longo prazo, coisas que ficam mal resolvidas. A história do século 20, especialmente na Europa, é a história de como as injustiças claras incomodavam as nações ou os povos até que finalmente "algo precisou ser feito". Tragicamente, esse "algo" que foi feito produziu ainda mais sofrimento, mais efeitos em cascata. A "lei das consequências não intencionais" entrou em vigor, e o mundo continuou se perguntando quais dessas "consequências" precisavam ser "consertadas" agora e quais poderiam ser disfarçadas. Quando olhamos para o Oriente Médio hoje em dia, só precisamos pensar em alguns países, como Líbano, Síria, Iraque, Egito, sem falar em Israel e na Palestina, para apontar uma lista de injustiças que se estendem de Trípoli a Bagdá e voltam.

E se é assim que acontece em escala global (e nem cheguei a citar as duas Coreias ou o impasse entre China e Taiwan, ou, ainda, o caso dos nativos norte-americanos), o mecanismo é o mesmo no nível pessoal: nas famílias, nos pátios das escolas e em outros lugares. Muitos adultos ainda são capazes de dizer o nome do encrenqueiro da classe ou do professor carrancudo que tornou suas vidas infelizes quando tinham dez anos de idade ou até menos. Muitas famílias têm irmãos ou primos que "não se falam" por causa de algo que aconteceu anos atrás, talvez até décadas.

Em outras palavras, o instinto de justiça é profundo. Você não precisa ter um mestrado em ética filosófica para saber do que se trata. É um senso humano universal de *isso não está certo: é preciso fazer algo para consertá-lo*.

Todos nós sabemos disso, mas consideramos difícil "corrigir". O professor pode ou não ser capaz de resolver o problema no pátio. Os pais podem ou não estar aptos a reconciliar irmãos brigados. Diplomatas e pacificadores podem conseguir reunir todas as partes em torno de uma mesa e oferecer acordos, mas muitas vezes isso não acontece. Os sistemas de "justiça restaurativa" foram praticados em alguns países, principalmente na Nova Zelândia, com base em elementos da cultura tradicional Maori, e isso foi criativo e positivo. Porém, muitos países ainda têm "sistemas de justiça" que, vistos de perto, não são justos nem sistemáticos, e é justamente esse é o problema. *Todos sabemos que a justiça é importante, mas pensamos ser difícil, ou, às vezes, absolutamente impossível, alcançá-la.*

Em outras palavras, acreditamos que a *justiça* serve como um indicador que aponta para o que é fundamental ou essencial para nossas vidas. Ao mesmo tempo, descobrimos que tal indicador está *fragmentado* na medida em que nos esforçamos para viver de acordo com o ideal e fracassamos, geralmente de modos que criam mais injustiça. Como podemos explicar essa tensão, que está no centro de muitos de nossos problemas?

INDICADORES *fragmentados*

# UM DEUS DE JUSTIÇA

Quem conhece bem o evangelho de João pode considerá-lo um livro sobre o amor de Deus, um convite a um relacionamento íntimo com o Pai, uma promessa de renovação espiritual. Bem, ele é realmente tudo isso, como veremos, mas, no seu âmago, encontramos uma mensagem sobre um mundo que será devidamente responsabilizado:

> E esta é a condenação: a luz veio ao mundo, e as pessoas amaram as trevas em vez da luz, porque suas obras eram más. Quem pratica o mal odeia a luz; essas pessoas não se aproximam da luz, pois temem que suas obras sejam reprovadas. Mas quem pratica a verdade vem para a luz, para que fique claro que suas obras são realizadas por intermédio de Deus. (João 3.19-21).

Portanto, ainda que muitas pessoas conheçam o famoso versículo de João 3:16 sobre como Deus "amou tanto o mundo" a ponto de enviar seu Filho para salvá-lo, não percebem que isso é seguido quase imediatamente por essa declaração poderosa sobre justiça. A luz de Deus exporá os atos perversos praticados na escuridão, e a justiça é uma manifestação de seu amor.

Desse modo, a chegada da luz e do amor divino ao mundo significa que Deus restaurará tudo no fim. É sobre o "ato de julgamento" final, que, no mundo judaico, foi a revelação definitiva da "justiça":

> O pai não julga ninguém; ele confiou todo julgamento ao filho, para que todos honrem o filho como honram ao pai. Todo aquele que não honra o filho também não honra o pai que o enviou. Eu lhes digo a verdade solene: todo aquele que ouve minha palavra e crê naquele que me enviou tem a vida eterna. Essa pessoa

> não será julgada; ela já passou da morte para a vida. Eu lhes digo a verdade solene: a hora se aproxima — em verdade, já chegou! —, em que, então, os mortos ouvirão a voz do filho de Deus, e aqueles que a ouvirem viverão. Porque, da mesma forma que o pai tem vida em si mesmo, concedeu ao filho o privilégio de ter vida em si mesmo. E deu-lhe autoridade para julgar, porque ele é o filho do homem. (João 5:22-27).

Dessa maneira, o evangelho de João descreve um Deus que se importa profundamente com a justiça. Este ponto é fundamental: embora nós, seres humanos, tenhamos dentro de nós um eco forte desse desejo por justiça, é no próprio Deus que esse anseio é completo e aperfeiçoado. Parte da esperança oferecida pela fé cristã é o conhecimento de que Deus não permitirá que a injustiça prevaleça. Esse é um elemento central nas boas novas do evangelho.

Portanto, é essencial lembrar que *o evangelho de João é um livro sobre como o mundo todo está sendo finalmente consertado, endireitado.* É um livro sobre justiça, que conta a história de como o próprio Deus criador se dedica para que as coisas sejam resolvidas e corrigidas, e nos diz o que ele fez para atingir tal objetivo. Se não lermos o livro com essa história mais ampla em mente, não entenderemos o ensinamento sobre amor e consolo que — correta e justamente — desejamos e esperamos.

É importante nos lembrarmos dessa verdade máxima ao encontrarmos duas realidades sombrias no evangelho de João: o fato de o próprio Jesus ser aparentemente vítima de injustiça e o poder do adversário de criar e acentuar a injustiça neste mundo.

## JESUS NO BANCO DOS RÉUS

As promessas de Deus concernentes à verdadeira justiça não ficam sem contestação. Na verdade, à medida que a história do evangelho avança, torna-se claro que o próprio Jesus está, de certa forma, sendo julgado, e que essas são realmente boas novas. Nessa vida, alguns de nós lutam contra sentimentos de raiva, e até de fúria, pelas injustiças que sofremos. Talvez tenhamos sido falsamente acusados de algo, ou talvez tenhamos sido feridos física ou emocionalmente por outras pessoas. Uma das mensagens mais redentoras do cristianismo é que o próprio Jesus também sofreu esse tipo de injustiça. Essa pode parecer uma mensagem não muito esperançosa à primeira vista, mas, no final, ela nos ajuda a entender que Deus está do lado da vítima, principalmente quando vemos o que acontece em seguida.

Desde o início do evangelho de João surgem as acusações e ameaças contra Jesus, especialmente depois da cura do coxo no sábado (João 5:18; 7:1). Elas são contrabalanceadas pela convocação constante das "testemunhas" para testificarem em nome de Jesus, incluindo João Batista e depois o próprio Pai (5:31-38). As coisas ficam claras nos capítulos 7, 8 e 9, quando os acusadores de Jesus se aproximam, declarando que ele está possuído por demônios (7:20) e que é um "enganador", ou seja, o tipo de pessoa contra quem Moisés advertiu em Deuteronômio, alguém que leva o povo a se desviar do caminho (7:12). É nesse cenário que Jesus insiste novamente que o julgamento correto é essencial e acontecerá nos termos de Deus:

> Não julguem pelas aparências! Façam julgamentos justos e corretos! (João 7:24).

> Vocês julgam meramente pelos padrões humanos; eu não julgo ninguém. Mas, mesmo que eu julgue, meu julgamento é verdadeiro porque não estou sozinho; tenho, ao meu lado, o pai que me enviou. (João 8:15-16).

O capítulo 8 é ainda mais interessante, pois começa com a estranha e curta história de uma "acusação" em particular: a tentativa de apedrejamento de uma mulher flagrada em adultério (João 8:1-11). Entre as muitas dimensões da história, incluindo a visão extraordinária de Jesus abaixado escrevendo no chão com o dedo, encontramos, em particular, a questão de como se dará a justiça nessa situação.

A multidão, manipulando cinicamente a situação arriscada da mulher, espera, com clareza, fazer uma acusação não tanto contra ela, mas contra Jesus. Ele defenderá ou não a lei de Moisés? Mas, em uma previsão dramática da apresentação de toda a história do evangelho, Jesus vira a mesa sobre eles, dizendo: "Aquele de vocês que não tiver pecado deve atirar a primeira pedra" (João 8:7). Em outras palavras, *ele* agora *os* acusa tanto de pecado como de hipocrisia, e eles sabem disso. Vão embora um por um, começando pelo mais velho. A pergunta ainda paira no ar: "Onde estão eles, mulher? Ninguém condenou você?" (João 8:10) Ninguém o fez, nem Jesus!

Porém, essa pergunta volta com uma pancada no discurso a seguir. Depois do fracasso em incriminar Jesus de uma forma, acusam-no de outra, mesmo que todas as verdadeiras provas estivessem do lado dele:

> "Ainda que eu mesmo testifique em meu favor", respondeu Jesus, "meu testemunho é válido porque eu sei de onde vim e para onde vou. Vocês julgam meramente pelos padrões humanos; eu não julgo ninguém..." (João 8.14-15).

Sim, pensa o leitor, assim como na história que acabamos de ouvir. Mas, então, ele continua: "Mas, mesmo que eu julgue, meu julgamento é verdadeiro porque não estou sozinho; tenho, ao meu lado, o pai que me enviou" (João 8:16).

A pergunta que Jesus fez à multidão sobre a mulher se torna agora um desafio: quem *o* acusará de pecado? (João 8:46).

Contudo, insistem que Jesus *deve* estar possuído por demônios (8:48,52). A esta altura, já deveríamos ver para onde isso está caminhando. João transpôs a questão da justiça, do julgamento fundamental, para uma esfera diferente. O termo "o diabo", em 8:44, traduz o termo hebraico *ha-satan,* que significa "o acusador", e a ironia desses capítulos do meio do livro é que as multidões que estão tentando acusar Jesus, inclusive de estar possuído por demônios, estão cumprindo a tarefa de "acusação". Daí a complexidade que só será, finalmente, abordada no final da história.

O que está claro nessa fase é que a narrativa está realmente abordando a questão mais ampla da justiça, o desejo de todos os seres humanos de que as coisas sejam consertadas no final. Mas como? Jesus declara novamente que toda a sua missão é resolver as coisas, esclarecer como tudo se ajeita. Disse Jesus: "Eu vim ao mundo para julgar, para que os cegos vejam, e os que veem se tornem cegos" (João 9:39).

Mas o que isso quer dizer? E como Jesus fará isso? A "justiça" não sugere que, no final, todos verão e compreenderão, mesmo que não gostem? E, em particular, como a batalha espiritual — já que está sendo cada vez mais revelada como o verdadeiro problema — será vencida ou perdida?

Essas questões estão todas interconectadas. Em parte, a resposta é: "espere e verá", tanto no sentido de que o drama será desenvolvido no próprio julgamento e na execução de Jesus, quanto no sentido mais amplo de que esses acontecimentos precipitarão um novo mundo, uma nova forma de ser que, em longo prazo, levará à nova criação máxima. Mas, antes de chegarmos lá, precisamos nos aprofundar no lado sombrio da história.

# O ADVERSÁRIO

Com base em tudo o que foi dito, não devemos nos surpreender quando, finalmente, no capítulo 12, o verdadeiro "adversário" for identificado. No trecho a que voltaremos mais de uma vez, Jesus aponta para o "governante deste mundo" como o verdadeiro culpado, o poder obscuro por trás do mal e da morte que desfigurou e corrompeu o mundo bom de Deus. A justiça será finalmente alcançada, mas não à luz de causas e agentes secundários. Se o evangelho de João fosse algum tipo de romance policial, esse seria o momento em que teríamos um palpite claro sobre quem é o verdadeiro vilão e como as coisas deveriam ser resolvidas. Essa cena funciona como uma alteração imprevista, onde um diretor muda repentinamente a iluminação, de maneira que vemos o verdadeiro vilão, que estava parado no fundo o tempo todo e com a faca apontada e pronta para atacar.

Percebendo que o momento havia chegado, Jesus irrompe, de maneira inesperada, com um tema totalmente novo: o poder sombrio precisa ser derrotado para que o mundo seja resgatado: "Agora vem o julgamento deste mundo! Agora, o governante deste mundo será expulso! E, quando eu for levantado da terra, atrairei todos a mim." (João 12:31-32).

Isso mostra, enfim, como está o processo real agora e como será feita a justiça suprema. Não é de se admirar que os humanos não consigam acertar: existem forças maiores e mais sombrias envolvidas. Em outras palavras, isso não é simplesmente uma história sobre a justiça humana. Não é apenas sobre a criação ser consertada, ainda que também seja. Trata-se de um poder obscuro, sem um nome real, por ser o poder da anticriação, o "governante do mundo". O que aconteceu? Como isso tudo se encaixa?

Os seres humanos adoraram ídolos, e os ídolos assumiram o controle. A força das trevas, o acusador, "o satanás", o ser sombrio que traz a morte em si, está por trás de toda a injustiça e maldade do mundo. João está nos dizendo que a história de Jesus — de seu julgamento, com as testemunhas fazendo fila para oferecer provas e os conspiradores fazendo planos contra ele — é a história de como o momento do julgamento, quando o poder das trevas será identificado e enfrentado, é distorcido, já que na história de João *o próprio Jesus* é "apontado" como o verdadeiro vilão e, em seguida, crucificado. João está dizendo que de alguma forma isso trará a vitória do Criador sobre essa força tenebrosa, e Jesus assumirá o julgamento de Deus contra o mal.

Então, Jesus avisa seus seguidores de que "o governante deste mundo está vindo" (João 14:30). De certo modo, ele parece referir-se a Roma. No final das contas, ele enfrentará Pôncio Pilatos em pouco tempo, porém, Pilatos será meramente o porta-voz de um poder supra-humano que vive e progride à custa da injustiça e que a personifica, mesmo enquanto afirma estar trazendo "justiça" ao mundo como Roma fez. Essa é a disputa que João nos convida a observar, e isso dá um significado retrospectivo a todos os palpites anteriores da história. A justiça de quem vencerá?

João começa a responder que, ao resumir a primeira metade da história, a carreira pública de Jesus conduz a esse momento. O julgamento está realmente próximo. A intenção implícita de Jesus, que é salvar o mundo, tem como corolário necessário o julgamento de tudo que o está destruindo:

> Se alguém ouve minhas palavras e não obedece,
> eu não o julgo. Não foi para isso que vim. Eu vim para
> salvar o mundo, não para julgá-lo. Há um juiz
> para quem me rejeita e não recebe minhas palavras.
> A palavra que proferi os julgará no último dia.
> Não falei por minha própria autoridade. O pai que
> me enviou me ordenou sobre o que falar e sobre o que
> dizer. E eu sei que o mandamento dele é a vida eterna.
> Portanto, falo exatamente o que o pai me mandou
> falar. (João 12:47-50).

Desconfio que muitos dos que leem o evangelho de João pulam passagens como essas. Esse não é o tipo de coisa que desejam ouvir, pois procuram consolo, paz e esperança, e não declarações sombrias sobre "juízo" e uma divisão estranha de trabalho entre "o pai" e "o filho". No entanto, essas palavras de Jesus não são imprevisíveis nem acidentais em tal evangelho, e sim expressam algo absolutamente essencial para o seu propósito. Se pudéssemos ao menos vislumbrar como elas dão sentido às coisas, perceberíamos que também *falam*, sim, de conforto, paz e esperança, e é isso que você alcança quando o mal em si é condenado. Mas tudo isso indica, com bastante clareza, a estrada escura que precisa ser trilhada para chegarmos a esses destinos.

# A CRIAÇÃO E A NOVA CRIAÇÃO

Volto a dizer que a dificuldade que enfrentamos ao ler um livro como João é que ele não parece corresponder à narrativa esperada. Esperamos ouvir sobre salvação, vida espiritual, amor de Deus, e não sobre julgamento. No entanto, em qualquer estudo científico ou histórico, são os pedacinhos que não se encaixam bem que acabam sendo os sinais reveladores que precisamos repensar. Temos de revisar nossas expectativas iniciais com base no que o texto realmente diz.

O evangelho de João, como podemos ver, é todo sobre a *criação* e a *nova criação*. Ele conta, de forma ponderada e cuidadosa, a história do Deus criador que cria um mundo bom e se entristece quando ele desmorona em maldade e, sim, injustiça, e está determinado a consertá-lo. Endireitá-lo. Resolvê-lo. Fazer justiça.

Na verdade, todo o evangelho conduz a isso. O livro de João é dividido em duas partes bem diferentes: capítulos 1—12 e 13—20, sendo o 21 um tipo de peça final, que parece ter sido acrescentada em algum momento após a conclusão do livro principal. E tudo indica que o próprio João escreve sobre a nova criação, aperfeiçoando a criação original e marcando o começo da nova a partir do meio da inicial.

O prólogo de João (1:1-18), que começa com uma introdução majestosa e muito conhecida ("No princípio era a Palavra"), ecoa Gênesis e Êxodo, bem como Salmos e Isaías. A Palavra de Deus, que transforma a criação em vida, vem para "viver entre nós" (1:14), ou para ser o "*tabernáculo* entre nós" (a palavra grega traduzida como "viver" aqui, *eskēnōsen*, significa, literalmente, "armar a tenda de alguém" ou "armar acampamento"), como a gloriosa presença divina que veio habitar no tabernáculo do deserto (Êxodo 40). João insiste que o ser humano Jesus *é* a revelação viva e correta do Deus Único e anuncia que a "era por vir" está chegando ao presente (a expressão "vida eterna", bastante usada nesse contexto, dá a impressão errada nos dias atuais). Portanto, Jesus vem derrotar os poderes da anticriação que governavam o mundo, e o sinal de que ele agiu assim surge quando inaugura a nova criação em seu próprio corpo físico, ao ressuscitar dos mortos. É essa a história que João está contando.

É desse modo que o evangelho de João mantém a nobre tradição judaica que se recusa a permitir que o mal e a injustiça prevaleçam. Em nenhum momento, os escritores judeus antigos erguem as mãos e dizem: "bem, então não há justiça!" Lutam, muitas vezes, no escuro, confiando que o Criador se importa o suficiente com seu mundo para corrigi-lo. E João, como todos os primeiros seguidores de Jesus, está convencido de que *esta é a história de como a primeira intenção divina foi, finalmente, cumprida* e de como, por meio desses acontecimentos, nasceu um mundo cheio de justiça. Agora surge, finalmente, a possibilidade de consertar e endireitar as coisas.

Esse é um dos motivos pelos quais João inicia seu evangelho com um eco tão claro de Gênesis 1: "No princípio[...]". O começo de Gênesis se tornou terreno propício para muitas pessoas no mundo moderno, que esperam que a Bíblia lhes ofereça "os fatos" concernente à "criação" para que possam resistir aos ataques do racionalismo ("vocês não podem acreditar naquela ladainha antiga de Deus intervindo no mundo"), adotando uma abordagem igualmente racionalista da Bíblia ("minha Bíblia diz que Deus agiu dessa forma..."). Entretanto, tal abordagem deixa passar, muitas vezes, o ponto que teria saltado da página para qualquer pessoa no Israel antigo, em Roma, na Grécia, no Egito antigo ou ainda na Babilônia, onde proliferavam todos os tipos de teorias diferentes sobre a origem do mundo. Segundo a história do Gênesis e perante todas as outras histórias, o ponto é o seguinte: *o mundo foi criado muito bom e por um Deus muito bom.*

É difícil de acreditar? Bem, continue lendo, pois as coisas vão se complicando. Porém, no livro de Gênesis, os antigos israelitas começaram a contar sua própria grande história (a longa e complexa narrativa de Abraão e seus descendentes), precedendo-a com uma ainda maior, a história de um Deus bom criando um mundo igualmente bom. Uma vez feito isso, o objetivo da história de Israel ficou totalmente ligado à história do Deus bom, da sua criação boa, mas agora imperfeita, e da sua intenção absoluta e inabalável de restaurar tudo no final. De fato, se parece um pouco com um romance policial.

# OS PORTADORES DA JUSTIÇA

Mas como tudo isso funciona? Jesus é bem claro. Uma das coisas bonitas que distinguem a ideia cristã de justiça das outras ideias é que ela é participativa, ou seja, *nós* fazemos parte dela. Uma vez que Jesus fizer o que precisa fazer, enviará o Espírito sobre seus seguidores, para que, por meio do nosso testemunho, um novo tipo de justiça possa nascer:

> Quando ele vier, provará que o mundo está errado em relação a três aspectos: pecado, justiça e juízo. Em relação ao pecado, porque não acreditam em mim!

> Em relação à justiça, porque estou voltando para o pai, e vocês não me verão mais. Em relação ao juízo, porque o governante deste mundo está julgado. (João 16:8-11).

Com essa visão espantosa, os planos que Jesus tem para seus seguidores giram em torno de provar *o quanto o mundo está errado*. Como faremos isso? Seguindo-o, sendo, para o mundo, o que ele foi para Israel. Ele disse o seguinte após sua ressurreição: "Da mesma forma que o pai me enviou, eu os envio." (João 20:21). Seu povo é enviado como *portadores da justiça* ao mundo para confrontar os poderes que o moldaram com a notícia de que há uma justiça diferente e que ela já venceu.

A descrição de João sobre como esse caso é vencido consiste, é claro, no "julgamento" de Jesus diante de Pôncio Pilatos, descrito com detalhes nos capítulos 18 e 19. A palavra "justiça" não aparece nesses capítulos, tampouco a palavra "provas", mas é claramente para onde a história de todo o evangelho está sendo conduzida. Em vez disso, são apresentados três grandes temas, entre os quais dois serão abordados mais adiante: o reino, a verdade e o poder. Quando a questão da justiça está em foco, estes são os temas que encontramos: quem está no comando, qual é a verdade em jogo e quem tem o poder de aplicá-la.

É certo que Pilatos parece possuir todas as cartas na mão, e, de fato, sob determinado ponto de vista, ele realmente as possui. Até Jesus aceita isso, em um reconhecimento impressionante de que o Criador realmente pretende que as autoridades humanas supervisionem seu mundo, ao qual ele acrescenta a observação muito importante de que eles serão responsabilizados por seus atos (João 19:11). As múltiplas ironias de todo o evangelho se acumulam quando os líderes dos sacerdotes declaram a Pilatos: "Não temos rei a não ser César!" (19:15), e quando, num sarcasmo terrível, Jesus é anunciado publicamente como "o rei dos judeus" por meio de uma placa pendurada acima da sua cabeça.

Visto por esse ângulo, o foco principal da história é que, na crucificação de Jesus, vemos o mundo que conhecemos: *o mundo no qual todos desejamos justiça, mas no qual ela não é feita*. O mundo em que a injustiça vence, os agressores e os agentes do poder fazem o que querem e permanecem impunes. O mundo em que vivemos! O mundo em que o Verbo Encarnado veio para anunciar e incorporar um tipo diferente de justiça, "restauradora" (por motivos que se tornarão claros), em que a verdadeira fonte da maldade — a força obscura por trás da traição de Judas, da conspiração dos líderes dos sacerdotes e do cinismo do governador romano — é logo identificada e autorizada a fazer o pior e, depois, é vencida e despojada de seu poder.

## A JUSTIÇA DA RESSURREIÇÃO

É claro que tudo isso depende da ressurreição. Ao longo da história do evangelho em pauta, encontramos indícios de uma justiça mais profunda do que ninguém jamais imaginou e, no capítulo 20, João finalmente a revela. A justiça se refere totalmente à *criação restaurada* e também a questões que estão sendo colocadas nos trilhos. Mas agora vemos que tudo vai além disso. É sobre *a criação que chega, enfim, ao novo destino para o qual foi, a princípio, criada*.

A ressurreição não nos leva de volta ao Jardim do Éden, ainda que o encontro de Jesus com Maria Madalena no jardim tenha ecos distantes disso. Ela nos apresenta a um mundo completamente novo, em que a própria morte deixará de existir. Um mundo em que um novo tipo de justiça triunfou sobre as antigas, que, como todos sabemos, decepcionaram-nos várias vezes. Um mundo em que, pelo Espírito, aqueles que seguem Jesus são encarregados e preparados para serem pessoas da nova criação, pessoas justas, que ofereçam esperança a um mundo onde a injustiça ainda reina.

Essa nova criação é concretizada em João pela presença do próprio Jesus; contudo, de maneira suprema, por sua morte, quando ele é "levantado". Essa palavra, quando a encontramos em João 12:32 e, antes disso, em 3:14, reflete Isaías 52:13, onde o "servo" é "levantado" e "erguido", sendo — como os versículos seguintes deixam claro — vítima de uma morte cruel e injusta. João, um mestre da ironia, assim como das escrituras de Israel, conecta, intencionalmente, a crucificação com a revelação da glória divina.

E, assim como na Bíblia em geral, João vê a vitória de Deus sobre os poderes das trevas entrando em ação por meio do poder político e da violência reais. Segundo Isaías 52:13—53:12, ele vê a morte de Jesus como o momento e o meio pelo qual esse poder é derrotado, de maneira que, na ressurreição, o começo da nova criação, um novo tipo de poder é lançado sobre o mundo. O evangelho termina — particularmente no capítulo "extra" (21) — com um tipo de olhar externo em direção ao futuro. João está dizendo que esse não é o final da história, e sim o ponto de reviravolta em uma narrativa muito maior. E nós, leitores, somos convocados a acreditar e nos tornar parte dessa reviravolta.

O Jesus de João sofre a injustiça máxima e, com isso, declara que a paixão pela justiça que todos os seres humanos sentem — mesmo que todos possam distorcê-la para que ela se adeque a cada um — sempre foi um verdadeiro indicador, embora danificado e fragmentado, da natureza de Deus. Com a ressurreição, o indicador foi corrigido. O Jesus ressurreto conquistou a vitória sobre a injustiça e, agora, envia seus seguidores para trabalharem nos múltiplos projetos da nova criação, tarefa para a qual a própria justiça — restaurativa, curativa e que dá vida — é essencial.

# INTERLÚDIO: SOBRE LER JOÃO

O evangelho de João é único não só na literatura cristã, mas entre todos os escritos existentes. Mas qual é a melhor forma de abordá-lo?

Por um momento, pense nele como alimento. O evangelho de João contém todos os ingredientes de que você precisa para uma refeição completa de primeira linha. Aqueles que têm tempo (e a maioria de nós tem, se realmente desejar) devem se servir, frequentemente, de uma leitura completa e dedicada, como se estivesse apreciando uma refeição requintada com cinco pratos harmonizados com vinho, com duração aproximada de duas horas. Aproveite esse tempo para saboreá-la, sentir tanto seu fluxo mais amplo quanto seus sabores repentinos extras, sua nutrição maravilhosa e suas delícias adicionais. Sempre haverá mais profundidade, sutileza e indícios promissores.

Do mesmo modo, entre leituras longas e lentas, João também é — se é que posso dizer assim — um ótimo livro para se fazer um lanche. Não gosto muito de abrir a Bíblia aleatoriamente e ver o que acontece, ainda que, às vezes, isso traga bons resultados. Mas, em toda a Bíblia (o único outro exemplo que consigo pensar seria Salmos), o evangelho de João também recompensará essa abordagem, mesmo lembrando a refeição completa que o estará esperando na próxima vez em que tiver tempo e oportunidade.

Mesmo uma olhada despretensiosa no Novo Testamento revelará que o evangelho de João é bastante diferente dos outros três — Mateus, Marcos e Lucas —, os quais, de certa forma, seguem

INDICADORES *fragmentados*

um padrão definido ao descrever a carreira pública de Jesus e sua chegada a Jerusalém alguns dias antes de sua morte. João o faz ir e voltar da Galileia a Jerusalém durante esse tempo. Mateus e Lucas apresentam histórias detalhadas do nascimento de Jesus. Assim como Marcos, João não registra nenhuma delas. Alguns dos trechos mais amados dos outros evangelhos (como o Sermão da Montanha e a parábola do bom samaritano) não foram registrados em João. Alguns dos seus momentos mais marcantes (a transformação da água em vinho, as conversas com Nicodemos, entre outros) são exclusivamente dele. O Jesus de João costuma fazer discursos longos, um tanto vagos, muito diferentes dos pronunciamentos curtos e claros que encontramos em outros lugares e ainda bastante distintos em relação ao estilo e ao conteúdo dos discursos mais longos (novamente, como o Sermão da Montanha), particularmente em Mateus.

Os estudiosos ficaram intrigados por gerações quanto à relação, se existir, entre os quatro evangelhos. Pensavam que João deveria vir por último, por parecer mostrar uma visão mais nítida de quem é Jesus (a "Palavra" que "se tornou carne"; em outras palavras, alguém que é igual ao Deus Único de Israel, mas é também um ser humano vivo). Porém, estudos recentes sobre os outros três evangelhos indicam que eles concordam firmemente com João sobre esse e muitos outros pontos, embora tenham formas diferentes de abordagem. Na verdade, ainda estamos longe de saber se João era muito independente dos outros três ou se, familiarizado com um ou mais deles, decidiu definir as coisas ao seu próprio modo.

De igual modo, não estamos mais próximos de saber, com certeza, quando os evangelhos foram escritos. Todos eles podem datar dos anos 60 ou até antes, mas podem também haver se originado uma década ou duas depois. Alguns estudiosos ainda colocam João nos anos 90, embora eu considere isso excessivo. Mas, ser "anterior" ou "posterior", apesar dos pressupostos populares, tem pouco a ver com a possibilidade de ser historicamente confiável. Em uma cultura fortemente oral, as lembranças de incidentes marcantes, principalmente se forem de caráter extraordinário, são contadas e recontadas. As pessoas não as esquecem. O caminho da sabedoria é manter a mente e o coração abertos e permitir que cada um dos quatro evangelhos nos cause impacto quando os lermos, seja em trechos mais longos ou curtos.

# AMOR

Se a "justiça" pode parecer fria e ameaçadora, o "amor" sempre soa caloroso e acolhedor.

É claro que, como já dissemos, todos temos conhecimento de que realmente precisamos da justiça. Sabemos que o mundo necessita dela. As coisas devem ser consertadas, endireitadas, e nos alegramos quando isso acontece. Porém, ela é necessariamente impessoal. Pense na estátua da deusa Justiça segurando a balança e usando uma venda nos olhos para que não seja capaz de enxergar com quem está lidando e, portanto, decida o caso unicamente por seus méritos. Desejamos justiça, mas não queremos viver para sempre num mundo de olhos vendados. Queremos amor.

Evidentemente, enquanto na língua inglesa há apenas uma palavra para a expressão, os gregos possuíam pelo menos quatro, permitindo que distinguissem facilmente entre amor erótico, afeto por lugares ou assuntos, amizade humana e um amor generoso e altruísta, o qual os primeiros cristãos denominavam de modo mais amplo *agapē*, atribuindo-lhe um significado novo e precioso. Ao escrever em inglês sobre moralidade ou virtude será costume lamentar essa dificuldade linguística, como eu mesmo o fiz.

Mas ainda existe um cenário importante a ponderar no que se refere ao abrangente termo "amor".

A palavra "amor", sejam lá quais forem as tonalidades mais belas do seu significado, está totalmente ligada a *relacionamento*. Devo me afastar de mim em direção a algo ou alguém, de qualquer maneira e com quaisquer objetivos ou efeitos a curto ou longo prazo. É descobrir que "eu" me torno mais plenamente "eu mesmo" quando estou num *relacionamento*, mesmo que seja, pelo menos por um tempo, com uma montanha, um cavalo, um pôr do sol, uma criança, uma namorada, uma casa, um paciente do hospital, um colega ou um vizinho. O "amor" é um termo que dá sinais, os quais indicam que sei intimamente que devo fazer parte de algo maior do que eu, que me dê a sensação de voltar para casa, algo onde eu encontre receptividade, segurança, sentido, deleite e até um suspiro de alívio quando for expressá-lo. Está tudo bem. É melhor balançar os braços vagamente para algo do que esquecer que ele existe.

Parte do problema do mundo ocidental moderno é que, sendo bem sincero, geralmente *nos* esquecemos de que o "amor" existe, embora não de todas as maneiras. Os romances modernos incluem uma exploração muito sensível dos diferentes níveis e das dinâmicas do amor interpessoal no tocante não apenas ao sexo e ao casamento, obviamente, mas também dentro de famílias, povoações, negócios, escolas e comunidades mais amplas. Esses relacionamentos são constantemente investigados, desconstruídos e recompostos. Peças de teatro e poemas fazem o mesmo. Pouco tempo atrás, passando os olhos por uma grande antologia de poesias em busca de uma frase adequada, impressionou-me o volume de poesias que surge dos quebra-cabeças e paradoxos do amor — voltarei a falar nisso posteriormente.

Meu argumento é que, em outro nível, tentamos viver e organizar nossas vidas corporativas e individuais como se o amor fosse irrelevante, um passatempo paralelo, e não a dinâmica central. Esse é o tema de um mito moderno e bem conhecido. A narrativa de

Fausto ficou famosa pelas mãos de diversos escritores, especialmente do poeta alemão Johann Wolfgang von Goethe e do romancista Thomas Mann. A história gira em torno do pacto que Fausto faz com o diabo: ele pode ter poder ilimitado, prestígio, fama e riquezas, tudo o que desejar, mas, no final, o diabo terá sua alma. Entretanto, a condição é que *ele não pode amar*. É um tratado sobre os nossos tempos.

É, ao menos em parte, por isso que o amor reagiu de outras maneiras, muitas vezes destrutivas. O "amor pelo país" foi corrompido e se tornou uma idolatria nacional horrível e, consequentemente, violenta; o amor por um passatempo ou por uma habilidade pode se tornar uma obsessão incontrolável; e o ato de se "apaixonar", mesmo quando uma ou ambas as partes fizeram promessas eternas em outros lugares, costuma ser usado para justificar a quebra de promessas e a destruição de famílias, muitas vezes resultando, de forma mais obscura, mas menos visível, no desgaste lento do caráter moral e do julgamento. Depois de destacar o amor de outros aspectos da vida, ele volta de maneira muito mais poderosa e menos apropriada.

Sabemos que, para sermos humanos, precisamos de relacionamentos em todos os níveis. A sociedade instável de hoje, em que as pessoas mudam de emprego e de lugar com frequência (falo por experiência própria — uma vida inteira fazendo exatamente isso), deixa rastros de luto e o desafio constante de reconstruir do zero. De vez em quando, ouvimos pessoas que parecem sobreviver sem muito contato humano real. Levando ao extremo, isso é considerado uma doença. A substituição de máquinas eletrônicas, *smartphones* e similares pelo contato humano verdadeiro é vista agora totalmente como um problema pessoal e social, ainda que ninguém pareça saber o que fazer sobre o assunto.

Acredito que estejamos a par de tudo isso em nosso íntimo. Sentimos que algo está errado com a maneira como as coisas são, e, como costumamos dizer, desejamos encontrar "amor verdadeiro" não apenas no sentido muitas vezes trivial do romance ideal, mas algo sólido, duradouro, completamente confiável e constantemente vivificante. É por isso que, mesmo no mundo cínico de hoje, a maioria das pessoas gosta de celebrar um casamento, pois isso parece levantar uma bandeira de esperança em meio a um universo de sonhos interrompidos, apontando para algo muito, muito maior do que o próprio casamento. Aqui temos um paradoxo importante: o profundo amor que uniu *esses* dois indivíduos *nesse* compromisso e relacionamento exigente e desafiador não é, no fim das contas, "somente sobre eles". É sobre todos nós, sobre o mundo, sobre (como diria João) Deus e o mundo, sobre Jesus.

Voltaremos ao assunto mais adiante; porém, para resumir o desafio e o problema do amor, afirmamos a mesma coisa que pensamos da justiça. Sabemos que ele é importante, não só como uma cadeira um pouco mais confortável ou um par de sapatos um pouco melhor, mas também como água fresca para beber e ar puro para respirar depois de lidar com anos de poluição. Porém, todos nós consideramos isso difícil. Magoamos as pessoas que realmente amamos. Nossas emoções fogem conosco e nos levam a lugares aonde não tínhamos intenção de ir, e, assim, tornamo-nos obsessivos e nos apegamos ao que devemos renunciar e viramos as costas para o que precisamos manter. E, mesmo quando conseguimos equilibrar nossos "amores" — amizades, desejos, gostos, passatempos — de modo saudável, uma hora ou outra eles são cruelmente prejudicados de modo que ou estamos perante o túmulo de outra pessoa ou ela está perante o nosso. Como o salmo mais sombrio declara — como sempre, olhando a realidade em seu rosto horrível —, "as trevas são a minha única companhia" (Salmos 88:18 — NVI).

No entanto, mesmo em meio a toda a nossa fragilidade nos relacionamentos, há lampejos de esperança de que exista amor profundo, duradouro e genuíno, e de que é possível fazermos parte dele. Essa é uma das formas de expressar o significado da fé cristã, e o evangelho de João é uma das declarações mais profundas dela.

É aqui que vemos, expostos em uma narrativa assustadora, as distâncias que o Deus criador percorrerá e os sacrifícios que ele fará para mostrar seu amor em ação. E, mais uma vez, por trás disso, sentimos uma possibilidade ainda mais impressionante: de que até o próprio Deus existe, em um sentido importante, "em relacionamento" — em outras palavras, que o amor não é simplesmente algo que ele faz, mas a essência do que ele *é*.

## AO EXTREMO

Quando nos voltamos para o evangelho de João, todos sabem — bem, todo mundo que já esteve em uma igreja — que ele trata do amor. "Vejam, Deus amou tanto o mundo que deu seu filho unigênito..." Assim como milhões de outras pessoas, aprendemos na escola dominical que esse versículo está registrado em João 3:16, mas, quando dizemos que João "fala sobre" o amor, estamos apenas arranhando a superfície, pois o evangelho de João é uma grande história de amor, *a* maior história de todos os tempos. Ele planta o amor no centro de seu livro e, a partir disso, estende os braços para o que aconteceu antes e para o que vem depois: "Isso aconteceu antes da festa da Páscoa. Jesus sabia que chegara a hora, a hora de deixar este mundo e voltar para o pai. *Ele amava os seus que estavam no mundo e os amou até o fim*" (João 13:1).

Eu amo o "até o fim". O grego é ainda mais nítido: *eis telos*, "ao objetivo", "ao extremo". Não é uma mera referência ao tempo ("ele nunca deixou de amá-los"), e sim à qualidade da ação. Não havia nada que o amor pudesse fazer que não tenha feito, que Jesus não tenha feito. Um pouco mais adiante, ele afirma: "Ninguém tem amor maior do que aquele que dá sua vida por seus amigos. *Vocês serão meus amigos* se fizerem o que lhes digo." (João 15:13-14). Assim, essa frase, em 13:1, serve como uma base para tudo o que está por vir: a traição de Judas, a negação de Pedro, a prisão, a humilhação, o julgamento e a crueldade insensível do Calvário.

Quando Paulo escreveu, talvez no momento mais comovente de sua carta mais intensa, que o "filho de Deus [...] *me amou e se entregou por mim*" (Gálatas 2:20), sintetizava exatamente o mesmo ponto. Leia toda a história de João, desde o começo do capítulo 13 até o final do livro, como um ato simples e único de amor que custou nada menos do que tudo.

Em seguida, olhe para a primeira metade do evangelho: "ele sempre amou seu próprio povo no mundo". João está afirmando algo como: "caso você não tenha percebido, a história inteira que lhes contei é a história do amor que foi vivido". Quando Jesus confronta Nicodemos e lhe fala a respeito da necessidade de nascer de novo, esse é um ato de *amor*. Quando surpreende a mulher samaritana, não só lhe pedindo água, mas conversando com ela, provocando-a ao ponto em que ela esfrega os olhos e percebe que essa não é uma tentativa de sedução, mas um sinal de um amor muito maior, que o Messias de Israel está rompendo a barreira repugnante e estendendo a mão ao odiado "outro", esse é um ato de *amor*. As curas de Jesus e a alimentação das multidões famintas são, ainda mais obviamente, atos de amor. Talvez suas palavras duras para seus ouvintes furiosos nos capítulos 7, 8 e 9 sejam o lado obscuro do amor. É isso que acontece quando o amor vem "para o que era seu, e os seus não o receberam" (João 1:11).

O amor, então, explode poderosamente no capítulo 11, ainda que a princípio pareça ser negado. João nos conta que Jesus amava Marta, Maria e Lázaro — e, portanto, quando soube que Lázaro estava gravemente doente, "ficou mais dois dias no lugar em que estava". As irmãs, mais tarde, confrontaram-no sobre isso, dizendo: "Se pelo menos o senhor estivesse aqui, meu irmão não teria morrido!" (João 11:6,21,32).

Nesse momento, algo extraordinário acontece, e João, ao esboçar a história dessa forma, deixa o mais claro possível para um escritor bom e sutil que *todo o episódio da ressurreição de Lázaro é em si um ato de amor fascinante*, sinalizando e apontando para o grande ato de amor quando o próprio Jesus ressuscitar dentre os mortos. As lágrimas amargas que ele derrama diante do túmulo de Lázaro (11:35) e suas ordens absolutas — "Removam a pedra" e "Lázaro, venha para fora!" — são os equivalentes precedentes à crucificação e à ressurreição. João está dizendo que *o amor é assim quando realmente entra em ação*. É sempre surpreendente, criativo, diferente da visão mais fraca que poderíamos ter valorizado.

É certo que há mais — com João, sempre há —, e voltaremos ao tema posteriormente. Mas, para entendermos o que tudo isso significa, precisamos nos lembrar do que o livro inteiro trata. O que vemos na história de Jesus, em detalhes e de forma exclusiva, é o que está acontecendo na imagem cósmica infinitamente maior. *É assim que Deus ama o mundo, sua criação.*

O texto de João 3:16 se aplica ao livro todo. Ele nos convida a ver todo o drama da criação: os planetas, as montanhas, os confins do espaço cósmico, a menor criatura da terra, o refugiado, a criança doente, a viúva enlutada, o mediador frágil e arrogante, e o Deus criador, que fez e ama todos eles e se entristece por sua tolice, maldade e tristeza. João deseja que vejamos toda essa narrativa como reduzida e focada como um raio *laser* brilhante e ofuscante na única história humana desse homem Jesus, a Palavra que se tornou carne, a carne que alcançou e tocou os doentes e que foi pregada a uma cruz romana.

João está-nos pedindo para ver a história de Jesus como um ato enorme de equilíbrio teológico. Imagine as grandes pirâmides do Egito. Quando você se aproxima, elas não são apenas grandes: são imensas e elevam-se acima de você, sólidas e gigantescas. As pedras individuais pesam mais de duas toneladas; e, tendo em vista que existem mais de dois milhões de pedras na maior pirâmide, o peso combinado deve ser de quase seis milhões de toneladas. Agora, imagine um verdadeiro gigante pegando uma daquelas pirâmides e virando-a de cabeça para baixo, de maneira que todo esse peso assustador repouse em um ponto.

O evangelho de João é sobre isso. Toda a pirâmide da vida criada, do próprio universo físico até a menor criatura, com seres humanos vulneráveis, frágeis, pecaminosos e tristes no meio — toda essa pirâmide equilibrada nessa única história, nessa única pessoa. É assim o amor do Criador em ação. O próprio Jesus, o ser humano supremo, vulnerável, triste, porém equilibrado, apresenta-se como a personificação do amor do Criador.

# A TRINDADE

Falar de Jesus como a "materialização" do amor do Criador é falar de "encarnação", que é simplesmente uma palavra latina que significa o mesmo que "corporificação". Mas isso significa que João está nos lançando, desde o começo, nas grandes profundezas misteriosas do que os teólogos chamam de Trindade. O problema com essa doutrina — e com o próprio termo — é que ela costuma parecer mais um desafio do que um convite, um quebra-cabeça, e não um acolhimento, algo para provocar o cérebro, e não para transformar o coração.

Talvez isso explique por que alguns sugeriram que a Trindade é uma ideia posterior criada por filósofos inteligentes três ou quatro séculos após o tempo de Jesus, mas que não é encontrada no próprio Novo Testamento. Todavia, esse conceito é uma ilusão causada pelo fato de que a *palavra* "Trindade" e os termos técnicos associados a ela (como "pessoa", "essência" e "natureza") aparecem mais tarde. Na verdade, a realidade que essas palavras posteriores tentavam expressar está profundamente enraizada no tecido das primeiras vidas, dos pensamentos e das orações cristãs. O evangelho de João oferece um exemplo óbvio, mas de modo algum é o único.

Foram apresentadas muitas ilustrações de como essa doutrina funciona, mas elas nunca dizem tudo; contudo, às vezes, podem apontar para a direção certa. Pense, por exemplo, num grande lago chuvoso localizado no alto das montanhas. À beira do lago, há uma fenda profunda na rocha, pela qual a água corre rapidamente, derramando-se sobre o penhasco para cair nas pedras centenas de metros abaixo e, então, se dispersar em muitos novos córregos e canais, fluindo para irrigar uma paisagem imensa antes de voltar para o mar. Jesus é a cachoeira, o Espírito são as correntes fluindo, e o Pai é o lago, a fonte, bem como o mar para o qual toda a água se encaminha. Mas, a água é sempre a mesma.

Não, o retrato não é perfeito (embora a água seja uma das metáforas principais de João para o amor derramado por Deus); porém, como afirmei, nenhuma ilustração é, e, na verdade, existe um motivo para isso. Dentro do pensamento cristão, Jesus não é um *exemplo* de qualquer outra coisa, como um "princípio" puro ou abstrato. O próprio Jesus é a realidade central. Todas as teorias e princípios remetem ao que significam em relação a ele, e é por isso que os evangelhos são tão importantes. Não podemos primeiro entender quem é Deus e, depois, tentar incluir Jesus nessa imagem: temos de fazer o contrário. Portanto, é somente contando e recontando a narrativa de Jesus, e vivendo dentro dessa história no poder de seu Espírito, que podemos entender de dentro, digamos assim, sobre o que ela é. E, quando fazemos isso, somos atraídos constantemente ao ponto central, por mais frustrante que pareça quando declarado apenas na superfície: o Deus Único, o criador do mundo, a fonte e o objetivo de tudo o que é.

Nem mesmo essa linguagem nos leva ao ponto central, o qual é o seguinte (e é por isso que o enfatizo no presente capítulo): os seguidores de Jesus sempre perceberam e entenderam o Deus verdadeiro como *amor* pessoal transbordante. Não é de se admirar que tenhamos dificuldades para entender, principalmente no mundo moderno, onde o "amor" pode, facilmente, corromper em mero sentimentalismo e, desse modo, ser ignorado por aqueles que preferem fazer apenas uma análise lógica fria.

A melhor parte do amor — o prazer rico e mútuo que você encontra em famílias saudáveis e em comunidades mais amplas — está sempre em movimento, passando entre uma pessoa e outra, oferecendo boas-vindas a alguém, consolando, incentivando e fazendo perguntas fascinantes. Somos quem somos mais profundamente e nos tornamos quem mais precisamos nos tornar por meio do amor dos outros, e esse amor, por definição, nunca é simplesmente uma transação, um pagamento por serviços prestados ou prometidos: é sempre um presente. Falar de Deus como Trindade é profunda e basicamente isso.

Como afirmei antes, não é só o fato de Deus amar, como se ele fizesse muitas coisas, e o amor fosse apenas uma delas. O Deus que conhecemos em Jesus e no Espírito *é* amor: um amor desse tipo, fluindo de um lado para o outro, sempre entre o Pai e o Filho, por meio do Espírito, e porque Deus é o criador e curador da criação, fluindo sempre para o mundo, para os corações e para as vidas. Na melhor das hipóteses, a palavra "Trindade" tem a intenção de despertar essa realidade transbordante gloriosa. O fato de que para a maioria das pessoas hoje esse termo não carregue um significado semelhante é uma verdadeira tragédia para os nossos tempos, uma tragédia que o evangelho de João pode contribuir muito para corrigir.

## AMOR ENCARNADO

Se pretendermos entender bem aquilo a que João se refere quando fala de Jesus incorporando o amor de Deus, a melhor forma de fazê-lo é refletir sobre como o evangelista lida com o tema do Templo. E, para entendermos a questão, precisamos entender o significado do Templo na memória e nas escrituras do povo de Israel.

Começaremos com a cena mais dramática do Templo retratada por João. Quando Jesus entra no Templo de Jerusalém, em 2:13-25, expulsa os animais e vira as mesas dos cambistas, interrompendo o sistema de sacrifício. O problema não era simplesmente que os vendedores de animais e agiotas estavam transformando a casa de seu Pai num mercado, embora isso também fosse verdade, como afirma Jesus (2:16), mas também que o Templo estava agora sob julgamento divino e seria substituído. Isso já era uma realidade meio milênio antes, nos dias de Jeremias, e Jesus repete as advertências e a promessa do profeta. Porém, desta vez, a substituição não seria uma construção de tijolos e cimento. Na verdade, o Templo de Jerusalém seria substituído por um ser humano:

> "Destruam este Templo, e eu o levantarei em três dias", replicou Jesus. "Foram necessários quarenta e seis anos para construir este Templo", responderam os habitantes da Judeia, "e você vai levantá-lo em três dias?" Contudo, ele falava do "templo" de seu corpo. Depois de ele ressuscitar dos mortos, seus discípulos lembraram o que ele dissera; e creram na Bíblia e na palavra que Jesus falara. (João 2:19-22).

*Ele falava do "templo" de seu corpo.* Esse é um dos principais palpites de João para o significado do seu livro inteiro, mas também do evangelho como um todo. Jesus é o verdadeiro Templo, o lugar supremo e os meios pelos quais Deus, o criador vivo, habitará no meio de seu povo e viverá no coração de sua própria criação. Ele personificará a presença viva do Deus verdadeiro. Ele será, digamos, o amor de Deus encarnado.

No mundo moderno, muitos cristãos se perguntam por que isso é tão importante. Muitos se acostumaram a pensar que você não precisa de prédios para adorar a Deus, e isso é verdade. Porém, a resposta é que, em todo o Antigo Testamento, a maior promessa de Deus não era que um dia arrebataria seu povo da criação atual para que fosse morar com ele em outro lugar, e sim que *ele iria morar com seu povo*. Esse é o amor divino.

Pense novamente na história fundante do povo de Deus. Quando Moisés exigiu que o faraó libertasse os israelitas da escravidão no

INDICADORES *fragmentados*

Egito, a justificativa dada por ele foi que adorariam o seu Deus no deserto. O Deus de Israel não poderia morar entre eles enquanto viviam em território pagão, cercados por ídolos e seus adoradores. O auge da história do Êxodo não é a travessia do mar Vermelho, tampouco a entrega dos Dez Mandamentos. Esses acontecimentos são meramente preparatórios. O ponto máximo é quando o Tabernáculo é construído (embora quase tenha sido cancelado pelo pecado do bezerro de ouro) e a gloriosa presença divina passa a habitá-lo (Êxodo 40).

Esse momento é recapitulado em 1Reis 8, quando Salomão dedica o Templo em Jerusalém, e a gloriosa presença divina passa a habitar ali. Então, depois que o Templo é destruído pelos babilônios — uma catástrofe muito maior do que o exílio no que se refere a Israel, já que estava destruindo a ligação entre eles e seu Deus —, os profetas mantiveram a esperança de que um dia, com um Templo recém-construído e restaurado, Deus voltaria em glória mais uma vez. Essa é a promessa feita na passagem profética principal, que encontramos em Isaías 40-55. A promessa é repetida em trechos como Ezequiel 43, Zacarias 1:16, 2:10-11 e Malaquias 3:1. Mas ninguém, no período pós-exílico ou ainda posteriormente, afirmou que isso realmente aconteceu, e isso se mantêm até os dias de hoje.

A ideia de Deus habitando no meio de seu povo resulta em dois temas no Antigo Testamento, que são selecionados (e transformados) no Novo. O primeiro é o elo forte entre Templo e rei. Davi declara sua intenção de construir uma "casa" para Deus, mas Deus responde que é ele quem construirá uma "casa" para Davi, significando não um prédio de pedra e madeira (Davi já possui um desses), mas uma *família* (2Samuel 7:1-17). Pode parecer que Deus simplesmente mudou de assunto, mas não foi o que aconteceu. Deus está dizendo que, embora no momento ele permita realmente que sua glória habite em um tabernáculo móvel — e que permita graciosamente que Salomão, filho de Davi, construa para ele uma residência permanente —, ser-lhe-ia muito mais apropriado morar *com seu povo e como um ser humano, e esse homem seria o filho de Davi que ainda estava por vir*. Isso faz sentido dentro da cultura mais abrangente. Na tradição judaica, como em muitas culturas próximas, a realeza e a construção de templos caminhavam juntas.

Portanto, a afirmação de Jesus sobre o Templo e seu corpo em João 2 precisa ser lida sob a ótica desse vínculo entre rei e Templo. Sabemos que no final do capítulo 1 as pessoas viam Jesus como o Messias que estava por vir. Alguns podem interpretar essa verdade, naturalmente, como uma indicação de que Jesus construiria ou restauraria o Templo. Para João, isso significa que ele *seria* o Templo.

O objetivo disso deve ser óbvio para quem ouviu, como para muitos de nós, quando éramos mais jovens: que a ideia de "encarnação" — de que, entre todas as coisas, o Deus Único se tornou *humano* — não faz sentido. Costumavam dizer-nos que não fazia sentido Deus se reduzir a uma forma humana, com tudo o que isso envolvia (outro dia, recebi um e-mail de alguém perguntando como eu poderia pensar em Deus indo ao banheiro e coisas do tipo). Olhando pelo lado oposto, se *qualquer* ser humano pensasse ser "Deus", essa pessoa certamente seria considerada louca. Esse tipo de pensamento estaria no mesmo nível de alguém acreditar ser uma bola de futebol ou uma fatia de queijo.

Mas, essa objeção não considera a forma como o Templo sempre foi visto. Leia os Salmos: neles, vemos que o criador do universo escolheu estabelecer residência fixa na pequena colina a sudeste da pequena cidade chamada Jerusalém. Se isso faz sentido, a encarnação também faz: e mais ainda. Nas escrituras de Israel, os seres humanos eram feitos *à imagem de Deus*, de modo que, se Deus se "tornasse" qualquer coisa, tornar-se *humano* seria completamente apropriado, da mesma forma que seria inadequado ele se tornar um elefante ou um cacto.

Em qualquer outro Templo do mundo antigo, a coisa mais importante na construção era, precisamente, uma *imagem* do deus, colocada no santuário mais íntimo. Os adoradores poderiam aproximar-se da divindade cultuando a imagem; o poder do deus ressoaria no mundo ao redor. Não existia imagem no Templo de Jerusalém porque os israelitas haviam sido proibidos de construir imagens de escultura. Portanto, os seres humanos, os seres vivos, eram a "imagem". Em algumas tradições, isso significava um foco especial no rei ou no sumo sacerdote, pois essas figuras eram os seres humanos por meio dos quais a presença salvadora, protetora e santificadora de Deus se tornaria realidade. Aqui, em João, temos Jesus como o ser verdadeiramente humano, *o qual é a Palavra que se tornou carne*. Não podemos encaixar essa ideia em uma visão do mundo ocidental moderno, mas, quando se entende como os judeus do primeiro século podiam pensar, isso faz todo o sentido.

É por isso que, no versículo climático do prólogo de João, lemos que a Palavra tornou-se carne *e "tabernaculou" entre nós* (1:14). É aqui que os ecos de Gênesis em João 1:1 ("No princípio...") alcançam e se traduzem nos ecos de Êxodo. O Deus criador veio para encenar o novo Êxodo e, desse modo, fixou acampamento no meio de seu povo na pessoa de Jesus, a Palavra criativa pela qual todas as coisas foram feitas. Ele é o Messias. Ele é a imagem. É a Palavra feita carne. Ao chamar atenção para tudo isso nos dois primeiros capítulos, João nos deu a informação decisiva para entender o próprio Jesus e o que o Deus Único estava fazendo nele e por ele, todos firmemente apoiados no pensamento e no sistema simbólico do mundo judaico do primeiro século.

Afirmei que havia duas coisas a serem observadas sobre o Templo: a primeira era o elo íntimo com o filho de Davi, e a segunda — sugerida em alguns momentos nas escrituras de Israel, mas fortalecida no Novo Testamento — é que a presença viva de Deus no Tabernáculo ou no Templo de Jerusalém era vista, em algumas ocasiões, como um indicador daquilo que Deus pretendia para toda a criação. O Tabernáculo e o Templo nunca deveriam ser um refúgio *afastado* do mundo, um esconderijo seguro enquanto o mundo fosse para o inferno. Eram uma ponte *para o* mundo, uma amostra do que Deus faria um dia com toda a criação. Agora, em João, o próprio Jesus é o verdadeiro Templo, o lugar onde a glória de YHWH veio habitar ("E a Palavra se tornou carne e viveu entre nós. Nós vimos sua glória [...]" – 1:14). Por meio de sua obra, sua morte e por fim, principalmente, sua ressurreição, Jesus é o próprio começo do cumprimento dessa promessa mundial.

## "E DOU A MINHA VIDA PELAS OVELHAS"

O evangelho de João depende das ações de um ser humano verdadeiramente extraordinário que se entrega com todo o amor a seus amigos e seguidores. Essa é a base do que significa nos amar até o fim e está por trás de muitas cenas no corpo do livro, incluindo a figura de Jesus como o Bom Pastor. Quando nos lembramos dessas imagens vívidas e profundamente humanas, percebemos a real importância do que está sendo dito:

> Eu sou o bom pastor. Conheço minhas ovelhas, e elas me conhecem — da mesma forma que o pai me conhece, e eu o conheço. E eu dou minha vida pelas ovelhas. [...] Minhas ovelhas ouvem minha voz. Eu as conheço, e elas me seguem. Dou-lhes a vida eterna, e elas jamais perecerão, e ninguém poderá arrancá-las de minha mão. Meu pai, que as deu a mim, é o maior de todos, e ninguém pode arrancá-las da mão de meu pai. Eu e o pai somos um. (João 10:14-15, 27-30).

Olhando para trás, com base no evangelho, pensamos: sim, é isso que está acontecendo e é para onde tudo se encaminha. E o que testemunhamos quando vemos esse homem criativo, provocador, amoroso, sério, o mestre da situação, embora nunca da forma que as pessoas esperavam, é *o verdadeiro reflexo e a personificação do próprio Pai*. É nisso que João nos pede para acreditar, e quanto mais prestarmos atenção ao seu evangelho, mais sentido isso fará. A preocupação pessoal detalhada e o amor criativo e intenso que Jesus oferece a todos, com sua combinação marcante de um toque leve e uma intenção profundamente séria, é o que enxergamos quando o próprio Criador se aproxima para armar sua tenda em nosso meio.

Imagine pessoas olhando para Jesus, ouvindo algo que ele disse — e, então, olhando para trás, diretamente em seus olhos — e percebendo que, sob a tranquilidade e o tom suave, *ele realmente fala sério*. Ele diz a verdade, e então começamos a perceber que João, talvez acima de tudo, deseje que a *congruência* absoluta da encarnação entre em nossas cabeças e em nossos corações. Não foi um erro que a Palavra tenha se tornado carne. Afinal de contas, como pensamos que era o Criador? Como uma bolha imensa de gás celestial? Um diretor-gerente distante e sem rosto? Ou como Jesus?

Tudo isso nos conduz à passagem que chamamos de discursos de despedida, a longa conversa de Jesus com seus seguidores após a Última Ceia. João narra a história que muitos viram como um sinal prévio, uma típica "parábola encenada" profética do que Jesus estava prestes a fazer ao morrer. Era assim o amor naquela noite.

> Era hora do jantar. O diabo já pusera no coração de Judas Iscariotes, filho de Simão, a ideia de trair Jesus. Jesus sabia que o pai pusera todas as coisas em suas mãos, e que ele viera de Deus e estava voltando para Deus; por isso, levantou-se da mesa, tirou sua capa e enrolou uma toalha na cintura. Em seguida, derramou água em uma bacia e começou a lavar os pés dos discípulos e a enxugá-los com a toalha amarrada em sua cintura... Ao terminar de lavar os pés deles, Jesus vestiu suas roupas e se sentou de novo. "Vocês entenderam o que eu lhes fiz?", perguntou Jesus. "Vocês me chamam de 'mestre' e 'senhor', e estão

> certos. Isso é o que eu sou. Bem, se eu, sendo mestre e senhor, acabo de lavar seus pés, vocês também devem lavar os pés uns dos outros. Eu dei o exemplo para que vocês façam a mesma coisa que eu fiz."
> (João 13:2-5,12-15).

Um exemplo a ser seguido? É claro que sim, em todas as esferas da vida em que a imagem da lavagem dos pés possa ser "traduzida". Mas, além disso, um sinal do que estava por vir. Aqui estamos muito perto do retrato poético de Jesus feito por Paulo:

> [...] que, embora sendo Deus, não considerou que o ser igual a Deus era algo de que deveria tirar vantagem. Em vez disso, esvaziou-se a si mesmo e assumiu a forma de servo, tornando-se semelhante aos homens. E, tendo a forma humana, humilhou-se a si mesmo e foi obediente até à morte, sim, até a morte de cruz!"
> (Filipenses 2:6-8).

E o propósito desse amor em ação era *purificar seu povo*. Ele já havia prometido, estranhamente, que derramaria o Espírito sobre seus seguidores (João 7:39). Veremos essa questão mais detalhadamente no próximo capítulo. João, porém, afirmou que isso não poderia acontecer até que Jesus fosse "glorificado", ou seja, que fosse erguido na cruz. A lavagem dos pés antecede o ato final de um amor generoso e humilhante na cruz, pelo qual os seguidores de Jesus são limpos, de maneira que, assim como o próprio Templo, são lugares adequados para receber o Espírito e, por meio dessa habitação, tornam-se capazes, no mundo mais abrangente, de amar como Jesus os amou.

Os discursos de despedida, que seguem a cena da lavagem dos pés, são todos de uma maneira ou de outra sobre o amor, o amor real, profundo e prático que o próprio Jesus exemplificou e viveu.

INDICADORES *fragmentados*

Não podemos esquecer o contexto, sobre o qual João é muito claro. Tudo isso acontece quando Judas, possuído pelo espírito do "Acusador", "o satanás", sai para "acusar" Jesus, a fim de providenciar a posse de soldados que viriam prendê-lo. Quanto melhor entendermos o que João está dizendo, resumindo aqui toda a narrativa das escrituras de Israel, mais compreenderemos o fato de que, quando o projeto de amor máximo, amor de aliança, amor criativo divino estiver em ação, as forças sombrias do mal farão o pior. Independentemente de entendermos ou não — e de *gostarmos* ou não, e geralmente não gostamos —, a intenção do amor não é apenas enfrentar mal-entendidos, hostilidade, suspeita, conspiração e, por fim, violência e assassinato, mas, de algum modo, em meio a todo esse negócio horrível, atrair o fogo do pior mal para si e esgotar seu poder.

É aqui que percebemos que o pacto faustiano, no qual um indivíduo ou uma cultura inteira podem desistir do "amor" para ganhar "poder", é um exercício de futilidade extrema que destrói o mundo. O amor em si é o que existe de mais poderoso, pois é ele que leva o pior que o mal pode fazer e, ao absorvê-lo, derrota-o. É isso que João diz do capítulo 13 ao 19, e é isso que ele deseja que pensemos enquanto lemos a história de Jesus diante de Pilatos, a narrativa de Jesus em direção à sua morte na cruz, colocando seus últimos pensamentos em sua mãe e em seu amigo mais próximo (19:25-27).

Isso também é o que os seguidores de Jesus deveriam estar fazendo daquele momento em diante. É aqui que, como num símbolo, quando pensamos que estamos olhando para outra coisa, descobrimos que é ela que está olhando para nós:

> Estou dando um novo mandamento a vocês: amem-se uns aos outros! Da mesma forma como eu os amei, vocês devem amar-se uns aos outros. Dessa forma, todos saberão que vocês são meus discípulos, se vocês se amarem uns aos outros. (João 13:34,35).

> "Se alguém me ama, obedece à minha palavra", replicou Jesus. "Meu pai o amará, e nós viremos a ele e faremos nossa morada com ele. Quem não me ama não obedece à minha palavra. A palavra que ouvem não é minha, mas do pai que me enviou." (João 14:23,24).

Desse modo, a história que João contou se refere a um amor que responde ao desejo e lida com a perplexidade que indicamos anteriormente. O evangelho de João diz um claro sim sem sentido à ânsia, à vontade e à angústia de nossos amores confusos e bagunçados, de nossas obsessões e de nossa autoabsorção. Além disso, essa é nossa distorção da realidade de que, como seres humanos que refletem Deus, *somos feitos para amar* e para nos encontrar no amor e por meio dele, do amor que damos e do que recebemos.

Mas João deixa bem claro que esse amor, encarnado e vivido intensamente pelo próprio Jesus em sua seriedade absoluta e vivacidade leve, chega a nós somente por meio da vitória sobre as distorções sombrias conquistada na cruz. Ele vem até nós como parte da nova criação. A ressurreição diz que o *sim* de Deus para toda a ordem criada e, com ela, o amor que todos os humanos conhecem intimamente é essencial para o que significa *ser* humano. O amor que os seguidores de Jesus são convidados a oferecer uns aos outros e ao mundo — amor este que, como Paulo diz, é o primeiro elemento do "fruto do espírito" — é a verdade pública. Quando o mundo o vir, poderá reconhecê-lo como o artigo genuíno.

Isso também não funcionará "automaticamente". Terá o mesmo efeito da obra de Jesus, que veio para os seus, e os seus não o receberam. O fato de o evangelho de Jesus e o poder do Espírito realmente responderem às questões mais profundas da vida humana não significa que as pessoas necessariamente desejem tais respostas. Mas elas serão verdadeiras e abrirão a porta para a vida humana multidimensional a que nos referimos vagamente pelo termo "espiritualidade".

# INTERLÚDIO: O AMOR DA ALIANÇA DE DEUS NA IMAGINAÇÃO BÍBLICA DE JOÃO

Comentei, anteriormente, sobre como a palavra "amor" em inglês se tornou ampla e imprecisa. Dentro das tradições de leitura das escrituras a que João e os outros seguidores antigos de Jesus obviamente pertenciam, "amor" possuía um significado muito particular. Era focado na "aliança" entre Deus e Israel e nos maiores propósitos dessa aliança. Assim,

> "YHWH não se afeiçoou a vocês nem os escolheu por serem mais numerosos do que os outros povos — pois vocês eram o menor de todos os povos. Mas foi porque YHWH os amou e por causa do juramento que fez aos seus antepassados. Por isso, YHWH os tirou com mão poderosa e os redimiu da terra da escravidão" (Deuteronômio 7:7,8 — NVI).

Essa aliança gera um senso poderoso de obrigação: aqueles a quem o Deus Único e Verdadeiro ama devem amá-lo também. Em outras palavras, devemos permanecer leais a ele e valorizar seu relacionamento com ele acima de tudo.

> Saibam, portanto, que YHWH, o seu Deus, é Deus; ele é o Deus fiel, que mantém a aliança e a bondade por mil gerações [...] (Deuteronômio 7:9 — NVI).

Este tema é refletido com tristeza quando Israel claramente falha nessas obrigações:

> "Quando Israel era menino, eu o amei, e do Egito chamei o meu filho. Mas, quanto mais eu o chamava, mais eles se afastavam de mim. Eles ofereceram sacrifícios aos baalins e queimaram incenso aos ídolos esculpidos" (Oseias 11:1,2 — NVI).

Como um pai em luto, o Deus de Israel reflete sobre a tragédia no que se refere ao amor oferecido e rejeitado:

> "Mas fui eu quem ensinou Efraim a andar, tomando-o nos braços; mas eles não perceberam que fui eu quem os curou. Eu os conduzi com laços de bondade humana e de amor [...] Como posso desistir de você, Efraim? Como posso entregá-los nas mãos de outros, Israel?" (Oseias 11:3-4,8 — NVI).

O profeta Jeremias aponta esse amor fiel como a razão pela qual Deus certamente renovará a aliança com Israel: "Assim diz YHWH: [...] 'Eu a amei com amor eterno; com amor leal a atraí [...] porque sou pai para Israel e Efraim é o meu filho mais velho'." (Jeremias 31:2-3,9 — NVI).

As grandes profecias reunidas no livro que chamamos de Isaías refletem o mesmo amor divino inabalável em mensagens de esperança, em capítulos inteiros, como Isaías 43, e em reflexões sobre o acontecimento original do Êxodo, como encontramos em Isaías 63:9: "[...] e o anjo da sua presença os salvou. Em seu amor e em sua misericórdia ele os resgatou; foi ele que sempre os levantou e os conduziu nos dias passados".

E esse amor alcançará a vitória, mesmo com o deslocamento necessário causado pela rebelião e perversidade de Israel:

> "Por um breve instante eu a abandonei, mas com profunda compaixão eu a trarei de volta. Num impulso de indignação escondi de você por um instante o meu rosto, mas com bondade eterna terei compaixão de você, diz YHWH, o seu Redentor. [...] Embora os montes sejam sacudidos e as colinas sejam removidas, ainda assim a minha fidelidade para com você não será abalada, nem será removida a minha aliança de paz", diz YHWH, que tem compaixão de você (Isaías 54:7-8,10 — NVI).

Isso é ainda mais significativo para nossa compreensão de João, pois, quando introduz seu livro com a frase dramática "no princípio era a Palavra" entre as passagens, está evocando o tema da Palavra poderosa, salvadora e criativa de Deus em Isaías 40-55 (veja, principalmente, 40:8; 55:11).

Resumindo: o tema bíblico do amor divino, que João herdou e vê chegando a uma nova expressão pessoal excepcional em Jesus, não é simplesmente uma afirmação generalizada de que o criador do universo é bondoso, e não indiferente ou hostil. O amor divino está muito mais ligado especificamente à escolha do Deus de Abraão e sua família como seu povo amado, seus "parceiros da aliança", conforme alguns colocaram. Porém, o relacionamento foi interrompido: Israel foi infiel, e o resultado foi a catástrofe do exílio, como o próprio Deuteronômio sempre avisou. Esse assunto também chega a uma concretização sombria no evangelho de João, especialmente nas figuras de Judas e Pedro. E, como João diz no prólogo, ele veio para os seus, mas os seus não o receberam.

É claro que o tema abrangente do amor poderoso da aliança de Deus é o motivo pelo qual a traição é tão devastadora. João também deixa isso bem explícito. Mas, a resposta à traição (assim como em Judas) ou à negação (como em Pedro) é, simplesmente, mais um derramamento de amor. Isso simplesmente reforça nosso senso de gratidão de que o Deus criador, revelado em Jesus e agora ativo no Espírito, não nos ama somente quando somos amáveis, mas nos ama ainda mais — dando sua própria vida por nós — quando somos terrivelmente difíceis. Foi isso que Paulo quis dizer quando declarou: "Cristo morreu em nosso favor quando ainda éramos pecadores" (Romanos 5:8). Era a isso que João se referia quando escreveu aquela famosa frase sobre Deus "tanto amar o mundo" (3:16).

No entanto, agora o pacto será renovado. O amor divino, agindo poderosamente por meio da Palavra divina, virá pessoalmente resgatar o povo de Deus e, com ele, o maior propósito mundial para o qual foi chamado em primeiro lugar. Essa é exatamente a história que João está contando. Só agora sabemos o nome humano da Palavra e, com isso, vemos a face humana do amor divino.

# ESPIRITUALIDADE

A palavra "espiritualidade" não era muito usada quando eu era mais jovem. Lembro-me de quando a ouvi pela primeira vez e, percebendo seu efeito, vi imediatamente como ela seria útil. O fato de que, talvez até o final dos anos 1960 ou o começo dos anos 1970, essa não fosse uma categoria sobre a qual as pessoas precisavam falar diz algo sobre a jornada que nossa cultura estava percorrendo.

Os anos 1960 foram realmente um período de transição intensa na cultura ocidental. Na década de 1950, as coisas estavam relativamente tranquilas. Com o fim da guerra, aquela geração soltou um suspiro de alívio, voltou à vida normal e se esforçou ao máximo para deixar o mundo novamente da maneira como as pessoas se lembravam dele. Porém, a força das mudanças começava a enfraquecer; a geração dos *baby boomers* — minha geração — havia se tornado adolescente e, aos vinte e poucos anos, na década de 1960, decidiu livrar-se de alguns dos antigos padrões de vida.

Uma das coisas que perdeu a força para muitos dos meus contemporâneos foi a "religião". Nos anos 1950, muitas pessoas na Grã-Bretanha ainda frequentavam a igreja: o rápido declínio aconteceu durante a década de 1960, mesmo que houvesse, como ainda existem, muitas igrejas frutíferas. Era mais um clima, um sentimento no ar, de que toda aquela velha "religião" empoeirada (igrejas frias, sermões entediantes, músicas sem esperança) havia se tornado como um "chapéu velho", e ninguém mais se importava com ela. Na minha juventude, os líderes do Partido Trabalhista frequentavam a igreja metodista local durante a Conferência do Partido anual e eram convidados a ler passagens da Bíblia durante os cultos. Na década de 1970, isso já havia ficado para trás há tempos, para nunca mais voltar. Do mesmo modo, até aquele momento, grandes eventos esportivos não aconteciam aos domingos. Presumia-se que as pessoas quisessem que tal dia da semana fosse diferente. Alguns poderiam desejar ir à igreja. Isso também foi há muito tempo.

Nos Estados Unidos, a situação tem sido muito diferente, mas o que alguns chamam vagamente de processo de secularização está bem encaminhado agora e parece estar se espalhando. Assim, quando as pessoas dizem hoje que não são "religiosas", acredito que seja a isso que se referem. A "religião" é para as pessoas de ontem, mas a "espiritualidade" está em ação.

Essa diferença foi marcada até mesmo nas expressões oficiais do próprio cristianismo. No início de 1969, auge da revolução *hippie*, os capelães da universidade em Oxford organizaram uma "missão". O palestrante principal foi o então bispo de Durham, Ian Ramsey, um bom filósofo e orador. Suas aulas foram interessantes, mas não empolgantes. O público foi oscilando e acabou despencando; todavia, o palestrante substituto era o metropolitano Anthony Bloom, o arcebispo ortodoxo russo que estava exilado.

Algumas pessoas participaram da primeira de suas sessões de "escola de oração" durante um almoço. No dia seguinte, o local estava lotado. Depois disso, se me lembro corretamente, suas aulas tiveram de ser transferidas para um espaço maior. E, para surpresa e choque de alguns, ele voluntariamente se dirigiu para o lado de fora de um dos grandes edifícios no centro de Oxford às onze da manhã, quando os alunos iam e voltavam entre uma palestra e outra. Permaneceu parado dentro de sua batina, com sua grande barba russa e seus olhos como valas sem fundo, e falou, com voz firme e tranquila, sobre Deus. As multidões se reuniram e esqueceram suas demais palestras. Acredito que o que testemunhamos naquela semana foi o declínio claro da "religião" e o interesse repentino pela "espiritualidade".

As narrativas de "religião" e "espiritualidade" — em que me concentrei nos anos 1960, em parte por me lembrar bem do momento e em parte por acreditar que esse tenha sido um ponto de reviravolta para grande parte da cultura ocidental — têm uma "história de fundo" e também um "desenvolvimento" histórico. A partir do século 18, a cultura ocidental popular afastou firmemente a "religião" da esfera particular, e isso permitiu que muitos aspectos da vida social, pública e política se baseassem em um "ateísmo funcional". Deus está fora de cena — parece haver se retirado para um sótão no andar de cima e não foi visto por algum tempo — para que possamos continuar vivendo o mundo no andar de baixo sem ele. E não precisamos de religião para agir desse modo.

E, quanto à "espiritualidade"? Bem, isso é algo diferente. Em sua biografia, Henry Ford afirmou que, em 1909, quando colocou o Modelo T à venda, ofereceu aos clientes "qualquer cor que desejassem, desde que fosse preto". Para muitas pessoas nos dias atuais, você pode ter "qualquer variedade de espiritualidade, desde que *não seja cristã*".

Desse modo, no lugar da fé e prática cristã tradicional na Europa e nos Estados Unidos — por mais diversificada que fosse —, surgiu a adoração a outros deuses, como sexo, dinheiro e poder, e, hoje, o que vemos é uma reabilitação de formas de "gnosticismo". Essa filosofia antiga — que assumiu e continua assumindo muitas formas diferentes — propõe o seguinte: o que importa no ser humano é um núcleo interno secreto, um "eu real" que precisa ser identificado e autorizado a se expressar; e esse costuma ser um "eu" bem diferente da "pessoa externa".

Essa filosofia foi popular no segundo e terceiro séculos, principalmente entre os grupos judeus e alguns que estavam às margens da fé cristã, os quais haviam desistido da esperança de uma mudança conduzida por Deus no mundo real e se voltado para dentro de si. Nunca consistiu em uma religião de *redenção*, em que Deus teve de interferir e resgatar pessoas, a não ser no sentido de que ele poderia finalmente levá-lo para longe do mundo atual. Sempre foi uma religião de *autodescoberta*. Uma figura "reveladora" pode mostrar que você era realmente uma faísca de luz de outro mundo (ou qualquer coisa).

O gnosticismo no século 2, bem como nos séculos 20 e 21, foi uma forma de fugir dos perigos da opressão política. Impérios que se oporiam caso se pensasse no que significava a existência de um único Deus e no fato de Jesus ser o verdadeiro Senhor do mundo não causariam problemas se o argumento usado fosse estar buscando uma iluminação interior e salvação sobrenatural. Como muitos apontaram, alguma forma de gnosticismo tem sido o padrão de vida para a maioria dos norte-americanos há um bom tempo, como testificado por muitos filmes cujo tema é "descobrir quem realmente sou". Todo o mundo da "realidade virtual" possui um tom gnóstico claro, e vemos, todos os dias, como as mídias sociais permitem que as pessoas inventem primeiro, depois projetem e, daí, tentem viver de acordo com uma personalidade bastante diferente do seu eu real, inteiro, bagunçado e confuso.

Poderíamos continuar explorando esses temas com facilidade ao simplesmente coletar vários livros da seção "mente-corpo-espírito" de uma livraria comum. Mas o foco agora será óbvio. Existem muitas pessoas no mundo atual que não se consideram "religiosas" ou mesmo "cristãs", mas, de alguma forma, veem-se como "espirituais". Voltando a Henry Ford, continua-se a pensar em qualquer tipo de espiritualidade, desde que não seja "religiosa", particularmente, *desde que não seja cristã*.

O cristianismo, entretanto, aborda de uma maneira única o indicador fragmentado que é a espiritualidade. Como veremos agora, Deus responde ao nosso desejo de ligação espiritual, interpondo lampejos do céu na terra. Era disso que se tratava o Templo de Jerusalém, e para João era isso que Jesus significava. A nova visão da espiritualidade também não para aqui. Deus nos chama para uma participação ativa, uma nova vida que é tanto um dom dele quanto um poder profundamente humanizador, um novo fôlego dentro de nós. Na visão de João, a busca muitas vezes intrigante pela espiritualidade, a necessidade de conhecer e ser conhecido nos níveis mais profundos, é finalmente concretizada.

## O TEMPLO E A TORÁ

Então, o que o evangelho de João pode dizer aos nossos questionamentos sobre espiritualidade? Como é esse indicador fragmentado à luz da história de João sobre Jesus?

Penso que João ficaria surpreso, intrigado e profundamente decepcionado com a grande quantidade de pensamentos confusos na Europa e nos Estados Unidos nos últimos duzentos ou trezentos anos. Os pontos fixos em seu mundo eram bem diferentes daqueles em nosso mundo, e não me refiro ao nosso conhecimento científico moderno e a viagens espaciais etc. Todavia, quando o assunto é espiritualidade, em nosso contexto temos as mesmas opções que estavam disponíveis no contexto pagão antigo. Ou os deuses estão muito ausentes (epicurismo), ou são de alguma maneira forças divinas dentro de nós e do mundo (estoicismo), ou vivem num mundo não físico e atemporal para onde nossas almas podem escapar (platonismo), ou são forças particulares que operam em diversas áreas da vida (paganismo comum). No entanto, João viveu no mundo judaico, que era tão radicalmente diferente na época como é agora. Para os judeus, o Deus Único da criação era completamente *diferente* do mundo e, mesmo assim, *intimamente envolvido* com ele.

Esse paradoxo (Deus como "completamente diferente" do mundo, mas profundamente envolvido com ele) é uma segunda natureza para os salmistas, é básico para os profetas, é o tema principal dos "Cinco Livros", a Torá de Moisés, *e encontra sua expressão máxima no Templo*, o lugar onde o céu e a terra se uniram. É claro que, como Salomão declarou em 1Reis 8:27, nem os mais altos céus seriam capazes de conter o Deus criador de toda a terra. Mas Deus prometeu habitar no meio do povo, e, nas circunstâncias certas, foi o que ele fez.

Essa foi uma proposta, no mínimo, altamente perigosa, uma vez que todos no mundo antigo sabiam que ficar face a face com o Deus vivo — se é que isso realmente podia acontecer — poderia ser devastador. É por isso que, logo após a história da criação do Tabernáculo e da chegada de Deus para viver ali, encontramos um livro inteiro (Levítico) dedicado ao que poderíamos chamar de regulamentos de saúde e segurança, concentrados nos rituais de sacrifício regulares e em outras práticas cultuais designadas para garantir a pureza, de modo que Deus realmente habitasse no meio do povo. É por essa razão que, quando Isaías teve uma visão de Deus no Templo (6:1-13), entendeu que seu fim havia chegado. E é por esse motivo que ninguém, exceto o próprio sumo sacerdote, e apenas num dia por ano, era autorizado a entrar no santuário interno do Templo: o Santo dos Santos. Aquele era o Dia da Expiação, quando o sumo sacerdote entrava ali justamente para fazer a expiação dos pecados acumulados do povo, a fim de garantir que Deus permaneceria com eles e não os deixaria. Isso já havia acontecido antes (Ezequiel 1-10).

Portanto, o Templo era o centro do que poderíamos chamar (embora eles não o fizessem) de "espiritualidade" israelita antiga. Se Deus habitava no meio deles, que prazer maior, que experiência mais transformadora poderia existir do que estar ali perto dele, sentindo sua presença poderosa e amorosa? "Como são felizes os que habitam em tua casa; louvam-te sem cessar!" (Salmos 84:4).

O poeta não é capaz de imaginar nada melhor do que estar ali e adorar a Deus o dia todo.

Porém, embora o Templo fosse central, no período do Segundo Templo (aproximadamente nos últimos quatro séculos a.C., e no primeiro século d.C.), após o exílio na Babilônia, o outro elemento-chave do livro de Êxodo era visto como igualmente essencial. Estamos falando da Torá, os Cinco Livros de Moisés. Essa coletânea compõe uma narrativa da grande história do Deus Único e do seu povo, a qual, no final de Deuteronômio, continuou até os "últimos dias", em que os judeus da época de Jesus acreditavam estar vivendo. Mas a Torá era cada vez mais vista como o livro de instruções, a legislação que regulava todos os aspectos da vida judaica. (Se parecesse não citar algum ponto específico, poderia ser induzida a oferecer as instruções relevantes pelos escribas e mestres cultos, cujo prazer era garantir que a Torá se aplicaria realmente a toda a vida.)

Não é difícil entender o motivo para tal, já que também o encontramos nos Salmos. Toda a vida deve se tornar uma oração, uma oferta alegre. Independentemente de alguém estar no Templo ou longe dele, se a Torá estiver em seu coração e em sua mente, você estará adorando a Deus tanto quanto os sortudos que estão no Templo de Jerusalém:

> A lei de YHWH é perfeita, e revigora a alma.
> Os testemunhos de YHWH são dignos de confiança,
> e tornam sábios os inexperientes. Os preceitos
> de YHWH são justos, e dão alegria ao coração.
> Os mandamentos de YHWH são límpidos, e trazem
> luz aos olhos. O temor de YHWH é puro, e dura para
> sempre. As ordenanças de YHWH são verdadeiras, são
> todas elas justas. São mais desejáveis do que o ouro,
> do que muito ouro puro; são mais doces do que o
> mel, do que as gotas do favo (Salmos 19:7-10 — NVI).

Essa passagem faz parte de um poema — o escritor britânico C. S. Lewis o exaltou como um dos melhores poemas já escritos — cuja parte anterior celebra a generosidade da criação, refletindo sobre a maneira pela qual a ordem natural, principalmente os céus e o próprio Sol, declaram a bondade do Criador. O poeta escreve que a luz e o calor do Sol chegam a todos os cantos do mundo e que *é exatamente isso o que a Torá faz conosco*. Essa é a essência do poema. A Torá afeta o ser humano como o Sol afeta o mundo, trazendo vida, sabedoria, alegria, luz, força, verdade e até mesmo um sentimento de doçura que levaria os vendedores de mel à falência.

Em muitas tradições cristãs ocidentais, costuma-se ver o "legalismo judaico" como uma forma negativa de "religião", uma tentativa de manter algumas leis morais estranhas em vão para agradar a Deus com "boas obras". Esse perigo era tão conhecido pelos mestres sábios dos tempos de Jesus quanto dos nossos. E a aplicação implacável e detalhada da Torá a todos os aspectos da vida não tinha nada a ver com esse tipo de espiritualidade frágil. Eles estavam simplesmente seguindo os preceitos de Salmos 19. Observamos que Salmos 119 diz coisas semelhantes, mas de forma muito mais detalhada.

O ponto é que o Deus de Israel não queria apenas viver em meio a seu povo no Templo. Seu desejo era que sua vida como um todo, seu sopro de vida, sua sabedoria, sua alegria, e assim por diante, estivessem *intimamente dentro de cada indivíduo*. Afinal de contas, se realmente foram feitas à sua imagem, o que poderia ser mais adequado para essa imagem do que ganhar vida e expressar intensamente a realidade do poder e do amor de Deus numa vida verdadeiramente humana que refletisse e se tornasse semelhante a Deus mais e mais a todo momento?

Percebemos que estes dois pontos essenciais da espiritualidade judaica antiga — a saber, o Templo e a Torá — são profundamente *afirmativos com relação à criação*, celebrando sua bondade, e, na mesma medida, recusando-se a adorá-la. O ponto de ambos é o chamado do povo de Deus, Israel, a uma existência humana genuína, e essa humanidade verdadeira é alcançada em uma relação estreita com o Deus vivo, na proximidade física por meio do Templo e na vida íntima pela Torá. É isso que a tradição bíblica oferece como verdadeira espiritualidade, a qual todos os seres humanos sabem do fundo do coração que desejam, mas que nossas tentativas regulares sempre falham em alcançar. João nos conta por que isso acontece.

## JESUS COMO O NOVO TEMPLO

O evangelho de João escolhe estas duas imagens: o Templo e a Torá, pois ele entendeu exatamente do que se tratavam. Elas são o centro de uma espiritualidade judaica rica, que seria difícil imaginar pelo paganismo comum ou pelas alternativas filosóficas, e João as trouxe para uma nova realidade surpreendente, uma vez que, para ele, referem-se a Jesus e ao Espírito.

Isso fica claro no capítulo 2, em que — como vimos no capítulo anterior — Jesus fala da destruição e reconstrução do Templo, e João comenta: "Contudo, ele falava do "templo" de seu corpo" (João 2:21). Jesus é a realidade — a presença viva do Deus Único ali no meio deles — para a qual até o grande Templo de Jerusalém era simplesmente um indicador prévio. Desse modo, João está declarando que em Jesus temos a tão prometida presença pessoal do Deus de Israel. É claro que, assim como em 1Reis 8, todo mundo sabe que o próprio Deus não pode ser contido nem mesmo pelos mais altos céus, mas ele aceita morar no Templo de Jerusalém. O paradoxo da encarnação — que existe um único Deus, conhecido agora como Pai e Filho — é simplesmente a versão completa e máxima do paradoxo do Templo, e este, por sua vez, é o paradoxo da graça, pelo qual o Senhor soberano de toda a criação vem, ao mesmo tempo, num esplendor de glória e num toque gentil. Como lemos em Isaías 40:1-11, no começo do grande poema de restauração, YHWH chega em triunfo para que as colinas sejam aplanadas diante dele e os vales aterrados. Ainda assim, ele lidera seu povo como um pastor que cuida dos cordeirinhos e da ovelha mãe.

Então, para João, a espiritualidade cristã está focada no próprio Jesus, na presença de Jesus durante sua carreira pública e na presença contínua do Jesus que ressuscitou, ascendeu e permaneceu muito vivo depois disso. Ele deve ser crido, adorado, confessado, obedecido e seguido. Aqueles que começam esse caminho pensam que, assim como para o salmista no Templo, estar nessa presença rica é a plenitude da alegria. Cantar seus louvores é um prazer diário, e conhecê-lo em palavra (lendo os quatro evangelhos) e sacramento (a alegria da igreja em todo batismo e todo partir do pão) é como uma intimidade crescente com um amigo próximo, um membro da família ou o cônjuge.

Essa intimidade vem acompanhada de um dom. Em João 1:12, aprendemos que aqueles que aceitam Jesus, que "creram em seu nome", descobrem que, por meio dele, tornam-se "filhos de Deus". Essa é uma das grandes designações bíblicas para o povo de Deus, principalmente na época do Êxodo (Êxodo 4:22), a qual João reflete de muitas formas. À medida que o evangelho de João avança, descobrimos aos poucos como isso acontece: pela obra do Espírito, o qual Jesus está prometendo aos seus seguidores (João 7:39; 20:22). Aqueles que creem em Jesus e o seguem tornam-se "pequenos templos", lugares onde o Deus Único realmente habita.

# A VIDEIRA E OS RAMOS

A expressão joanina mais clara do relacionamento entre Jesus e seus seguidores aparece no capítulo 15, quando Jesus fala de si mesmo como a "videira" e de seus amigos como os "ramos". A "videira" é uma ilustração bíblica para o povo de Israel, e Jesus insiste que com ele, como o Messias de Israel, o destino do povo de Deus está

ESPIRITUALIDADE

finalmente cumprido. Havia uma videira esculpida no Templo nos dias de Jesus, e aqui ele descreve o relacionamento que seus seguidores devem ter com sua pessoa de uma maneira que diz: *essa é a substituição para a proximidade íntima que vocês teriam com o Deus de Israel no Templo*:

> "Eu sou a vinha verdadeira, e meu pai é o jardineiro", disse Jesus. "Ele corta todo ramo que está em mim e não dá fruto; e poda todo ramo que dá fruto para que possa produzir mais frutos ainda. Vocês já estão limpos. E isso por causa da palavra que lhes tenho falado. Permaneçam em mim, e eu permanecerei em vocês! O ramo não pode dar fruto por si mesmo, apenas se permanecer na vinha. Da mesma forma, vocês não podem dar frutos a não ser que permaneçam em mim. Eu sou a videira, vocês são os ramos. Aqueles que permanecem em mim, e eu, neles, darão muitos frutos. Sem mim, vejam, vocês não podem fazer coisa alguma. Se alguém não permanece em mim, é como o ramo que é jogado fora e seca. Tais ramos são apanhados, lançados ao fogo e queimados. Se vocês permanecerem em mim, e minhas palavras permanecerem em vocês, pedirão o que quiserem, e lhes será concedido. Meu pai é glorificado pelo fato de vocês darem muito fruto; e, assim, serão meus discípulos." (João 15:1-8).

Nesse trecho, vemos um relacionamento íntimo entre Jesus e seus seguidores, o qual está enraizado na intimidade máxima entre o Pai e o Filho e é concretizado por meio do Espírito. João é bem claro sobre aonde isso pode levar: à unidade rica, complexa, mas inabalável dos discípulos de Jesus (João 17). Estaríamos corretos em ver a oração de Jesus pela unidade de seus seguidores como outra faceta, talvez a mais convincente, do amor citado em 13:1.

Essa intimidade está no centro dos discursos de despedida (João 13-17), que observamos no capítulo anterior, mas sobre os quais algo mais deve agora ser dito. Qualquer um que esteja acostumado a ler a história do evangelho da maneira que Marcos conta, na qual Jesus chega finalmente a Jerusalém e entra no Templo para decretar, profeticamente, sua destruição futura, pode ficar intrigado ao ler a ordem dos acontecimentos no evangelho de João. A cena da "entrada triunfal" de João, não muito diferente daquela descrita por Marcos (12:12-19) e relatada também por Mateus e Lucas, ocorre no capítulo 12, mas a interrupção de Jesus, nas práticas do Templo, já se deu no Capítulo 2.

Porém, agora, talvez possamos ver o que João fez ao colocar esse incidente no começo. Dessa vez, Jesus vem a Jerusalém e ensina, ora e alerta sobre o que vai acontecer e, então, leva os discípulos para o cenáculo, onde trata do relacionamento íntimo (e muito exigente) que eles têm com ele e como tal relacionamento deve ser conduzido. *O lavar dos pés por Jesus, sua conversa com seus discípulos no cenáculo e sua oração pela unidade e pelo testemunho deles são o novo equivalente ao Templo.* É isso que significa para eles estar perto de Jesus, assim como os adoradores no Templo, de Israel se viram perto de Deus. João teceu a teologia e a espiritualidade que defende — em que Jesus é o verdadeiro Templo, e seus seguidores são os adoradores dentro de tal Templo — na própria estrutura da sua história.

A teologia do Templo exposta por João surge em glória total no capítulo 17, a qual tem sido muitas vezes citada como a Oração do Sumo Sacerdócio. Jesus ora ao Pai com seus seguidores no coração, assim como Arão e seus filhos oraram por Israel na presença de Deus. Isso completa o círculo dos discursos de despedida: a purificação no começo (capítulo 13), a oração na conclusão (capítulo 17) e, no meio, a proximidade do relacionamento com o próprio Jesus, que é o coração da espiritualidade cristã (capítulo 15). Essa visão de uma espiritualidade ricamente bíblica e novamente humanizante resume o que João diria sobre nossas atuais tentativas confusas.

ESPIRITUALIDADE

A visão de João se manifesta principalmente na linguagem da amizade. A amizade era um tema importante de discussão entre os filósofos antigos, mas aqui João parece destacá-la como uma forma de canalizar a ideia de "adoradores do Templo" para o novo modo, a nova vida que consiste no próprio Jesus e em seus seguidores. Ele declara: "Não os chamo mais de servos, pois os servos não sabem o que seu senhor faz. Mas os chamo de amigos, porque eu disse a vocês tudo que ouvi de meu pai" (João 15:15).

Como vimos anteriormente, ao longo do evangelho, João nos deu uma amostra do que significa ser um "amigo" de Jesus. (Alguns dos mestres atuais de espiritualidade cristã falam muito em ser o "amigo" de Jesus, e isso é bastante apropriado, contanto que o façamos totalmente no sentido bíblico, e não no sentido casual moderno de um amigo como "alguém que eu conheço vagamente e de quem gosto bastante".) Em seus relacionamentos tranquilos, descontraídos, porém desafiadores e exigentes com seus primeiros seguidores no capítulo 1, com sua mãe no capítulo 2, com Nicodemos e a mulher samaritana nos capítulos 3 e 4 (voltaremos a eles), com os discípulos em diversos momentos, discutindo o que fazer e lidando com seus equívocos (nos capítulos 6 e 10), Jesus está presente, ele é real, pode ser chamado e responderá. Na verdade, algumas vezes ele começará conversas trazendo à tona tópicos dos quais podemos querer fugir, como acontece em sua conversa embaraçosa com Pedro no capítulo 21.

Sem dúvida, é por essa razão que muitas gerações de leitores cristãos identificaram no evangelho de João uma grande ajuda enquanto davam os primeiros passos para conhecer Jesus por si mesmos. Esse livro está cheio de dicas sobre "como ser amigo da Palavra Viva", a Palavra eterna que se tornou e continua sendo plena e gloriosamente humana, e que, claramente, aprecia estar com seus amigos e se envolver com eles enquanto oram, estudam as escrituras, lavam os pés uns dos outros (literal e metaforicamente) e encontram novas infusões da sua vida, sua força vital, no pão e no vinho (capítulo 6).

Esse intercâmbio divertido e vivificante entra em foco nas conversas entre o Jesus ressuscitado e três de seus seguidores, nos importantes capítulos 20 e 21, concernentes à "ressurreição". Maria pensa que ele é o jardineiro, Tomé quer tocar e ver, e Pedro precisa de saber se foi perdoado por sua tripla negação. Abordaremos essas cenas curtas e maravilhosas posteriormente, mas, por enquanto, apenas comentamos que eles, conforme vimos nas cenas anteriores, carregam a mesma combinação amorosa de seriedade profunda e toque gentil. Podemos imaginar o sorriso nos lábios de Jesus enquanto pronuncia o nome de Maria ou quando diz a Tomé: "Tudo bem, se é isso que você deseja. Venha, vamos fazer isso!" Imaginemos o peso no coração de Pedro quando Jesus pergunta: "Você me ama?" E a impactante leveza de Jesus quando pede: "cuide das minhas ovelhas [...] tome conta das minhas ovelhas [...] alimente minhas ovelhas" (João 21:15-17).

Assim, o centro da espiritualidade joanina é a substituição do Templo pelo próprio Jesus. Porém, esse não é o fim da história. A surpreendente próxima fase é que, se Jesus é o verdadeiro Templo, *seus seguidores também o são*. O Deus vivo fará o seu lar, como Jesus prometeu, não meramente com eles, mas de fato *neles*. Somos os galhos que se estendem ao mundo, trazidos à vida pelo Espírito de Deus, para que também possamos cuidar dos cordeiros e pastorear a ovelha mãe.

## VIVENDO COMO UM RENASCIDO

Uma das promessas mais impressionantes do evangelho de João, respondendo diretamente às confusões de hoje sobre espiritualidade, diz respeito à vinda do Espírito. Na festa dos Tabernáculos, Jesus lança um convite como o de Isaías 55: "Se alguém tiver sede, deve vir a mim e beber!". E ele explica: "Todo aquele que crer em mim, como diz a Bíblia, terá rios de água viva fluindo de seu interior!" (João 7:37,38).

Muitos concordariam que a referência bíblica aqui é a parte final da profecia de Ezequiel (47:1-12), onde, após um longo relato da reconstrução do Templo depois do exílio, o profeta descreve o rio da água da vida que flui para fora do Templo e cai no mar Morto, tornando-o fresco. Parece que Jesus está prometendo que seus seguidores, aqueles que acreditam nele e recorrem a ele para saciar sua sede, irão se tornar portadores da vida, capazes de matar a sede de todos. Isso é certamente o que ele pretende em João 20:21, quando sopra o Espírito em seus seguidores e ordena que sejam para o mundo o que ele havia sido para Israel.

João explica isso mais adiante, em 7:39. Segundo ele, Jesus falava sobre o Espírito que os cristãos receberiam. Ele declara: "O espírito ainda não estava disponível, pois Jesus ainda não fora glorificado". Isso também está relacionado ao Templo. A gloriosa presença divina não pode entrar num santuário impuro, e, nesse sentido, a cena da lavagem dos pés mostra o que está acontecendo: os discípulos já estão "limpos" pela palavra que Jesus lhes deu (13:10; 15:3), mas sua futura crucificação, simbolizada por essa lavagem dos pés, deve purificá-los completamente. E essa limpeza, como no culto de sacrifício no Templo de Israel, não é para seu próprio bem ou para que deixem esse mundo e permaneçam com Deus; mas justamente o contrário: eles são "purificados" para que a gloriosa presença divina, o próprio Deus na pessoa do Espírito, possa morar com eles e neles.

Essas frases complexas e desafiadoras parecem claramente apontar para algo que já aconteceu durante a carreira pública de Jesus enquanto ele transmitia a palavra de Deus aos seus seguidores. No início da narrativa do evangelho, ocorrem duas conversas nas quais podemos ver algo assim acontecendo, e, em ambas, a promessa de Jesus sobre o Espírito é central.

A primeira é a conversa com Nicodemos, o visitante noturno de Jesus, no capítulo 3. O fato de ele vir à noite é o tipo de coisa que João aprecia destacar. Para ele, a "escuridão" e a "luz" são simbólicas, como vemos claramente quando Judas deixa a Última Ceia, e "era noite" (13:30). Portanto, aqui João chama a atenção para a visita noturna, indicando provavelmente que Nicodemos é a típica pessoa que ainda não encontrou a fé.

A frase de abertura de Nicodemos, um tipo de desafio ("Jesus é realmente um mestre que vem de Deus, e, se sim, o que exatamente está tentando fazer?") surge com o que parece ser um *non sequitur*,[1] algo que acontece muito em João. Jesus parece estar dizendo: "vamos parar com as gentilezas introdutórias e ir direto ao ponto. O reino de Deus está chegando, o novo dia pelo qual Israel ansiava. Mas não imaginem que simplesmente ser um membro sênior do governo judaico fosse suficiente para lhes tornar parte desse novo mundo". Há outra exigência: "Eu lhe digo a verdade solene: ninguém pode ver o reino de Deus, se não nascer do alto" (João 3:3).

A expressão traduzida como "do alto" também pode significar "outra vez" ou "de novo". Mas, como Jesus continua falando sobre o fato de seu "nascimento" vir de Deus e não ter origem humana (como é apresentado no prólogo em João 1:12-13 e aquilo que é dito sobre o próprio reino em 18:36), parece que o sentido principal aqui é, realmente, "do alto". Nicodemos se opõe a isso. (Lembramos mais uma vez que isso é típico das conversas de João: as pessoas não entendem o que Jesus diz, e o próprio Jesus precisa corrigi-las.) O mestre erudito questiona: a que você se refere ao falar de um segundo nascimento?

A resposta de Jesus reúne ecos do batismo iniciado por João Batista, o qual o próprio Jesus continuou praticando com seus seguidores (3:22). Esse batismo parece ter sido uma forma de recrutar obreiros do reino, pessoas do "novo Êxodo", nascidas da água e do Espírito, ansiosas pelo novo amanhecer de Deus, que

---

[1] Expressão latina que significa "não se segue" e designa um argumento ou uma conclusão sem conexão lógica com o que se disse antes. Ilogismo, incongruência. [N. E.]

esperavam e oravam para que o movimento que havia começado com João Batista e que agora continuava com Jesus seria o acelerador. Desse modo:

> Jesus respondeu: "Eu lhe digo a verdade solene: ninguém pode entrar no reino de Deus se não nascer da água e do espírito. O que nasce da carne é carne, mas o que nasce do espírito é espírito. Não se espante por eu lhe dizer: é necessário que vocês nasçam do alto. O vento sopra onde quer; você o escuta, mas não sabe de onde vem nem para onde vai. O mesmo acontece com todo aquele que nasce do espírito" (João 3:5-8).

Aqui estamos no coração de uma espiritualidade rica em que a presença poderosa e viva de Deus, como a coluna de nuvens e fogo no Êxodo, conduz as pessoas por meio da água e, depois, passa a morar bem no meio delas: só que agora não em uma tenda, e sim pelo Espírito, no interior de todo e qualquer cristão. A nova criação está se desenvolvendo, fazendo coisas surpreendentes, sem se prender a velhos delimitadores.

Deus chama uma nova família e, embora os membros da antiga (descendentes físicos de Abraão) sejam naturalmente logo convidados a fazer parte dela, não há garantia de que o farão. Todo movimento de renovação judaica da época pensava da seguinte forma: quando Deus trouxe a novidade que havia prometido, ou embarcava-se nela ou a perderia. João já havia dito isso no prólogo: "os seus" não receberam Jesus, mas todo aquele que o fez ganhou o direito ao título de Israel: "filhos de Deus". E "Estes não nasceram do sangue, nem do desejo da carne, nem da vontade de um homem, mas nasceram de Deus". (João 1:13). Isso oferece a resposta máxima às questões intrigantes da espiritualidade dos nossos dias: um elo pessoal entre o céu e a terra, uma nova "identidade" genuinamente humana da ordem mais elevada, um presente do próprio Criador.

INDICADORES *fragmentados*

A outra conversa que aborda o mesmo ponto aparece no capítulo 4 de João. Esse é o diálogo despretensioso, mas absolutamente sério de Jesus com a mulher samaritana. Mais uma vez, os temas da herança de Israel e do Templo estão em destaque, e novamente Jesus desmantela as perguntas com a promessa de uma nova adoração, uma nova espiritualidade, uma nova intimidade.

A conversa transcorre até o ponto em que Jesus coloca o dedo na verdadeira dor e confusão na vida pessoal da mulher. Como acontece, muitas vezes, em tais momentos, a pessoa que foi constrangida muda abruptamente de rumo, geralmente para algum tema de controvérsia "religiosa", pensando que isso pode acabar com a conversa do desafio pessoal inconveniente. Assim, diante da pergunta sobre sua vida conjugal, a mulher rapidamente questiona Jesus sobre o conflito dos templos. Ela diz que seus antepassados adoravam numa montanha em Samaria (Gerizim), e os judeus afirmam que a adoração deveria ser em Jerusalém.

É claro que qualquer bom judeu saberia a resposta padrão para isso: Jerusalém é realmente o lugar onde o Deus de Israel, o criador do mundo, decidiu colocar seu nome e sua presença graciosa. Porém, Jesus vê Jerusalém simplesmente como um indicador para a nova realidade que ele colocou em prática:

> "Creia em mim, mulher", declarou Jesus. "Está chegando o tempo em que vocês não adorarão o pai nem neste monte nem em Jerusalém. [...] No entanto, está chegando a hora, e de fato já chegou, em que os verdadeiros adoradores adorarão o pai em espírito e em verdade. Sim, são esses os adoradores que o pai procura. Deus é espírito, e é necessário que seus adoradores o adorem em espírito e em verdade."
> (João 4:21,23-24).

Essa conversa deve ser analisada ao lado da visita noturna de Nicodemos. O instruído mestre judeu precisa descobrir que nascer judeu não é suficiente, ou seja, algo novo deve acontecer, algo que cumpra as escrituras de uma forma completamente nova, que dê início ao novo Êxodo, à nova aliança, com a presença divina que habita bem dentro do povo de Deus, como Jeremias (capítulo 31) e Ezequiel (capítulo 36) sempre prometeram. E a mulher samaritana precisa olhar para além de sua vida pessoal bagunçada, bem como para além da rivalidade antiga entre judeus e samaritanos. Deus está fazendo algo novo, e a "adoração" será uma questão de Espírito e realidade.

Assim, o Espírito prometido é a dinâmica da espiritualidade joanina, e isso responde às perguntas contemporâneas de nossos dias com um grande suspiro de alívio. Independentemente do que tenha acontecido no passado, a obra transformadora de vida do Espírito de Deus pode tornar todas as coisas novas.

Haveria muito mais o que dizer, e voltaremos a esse assunto algumas vezes, mas aqui está a contribuição que João faz à nossa discussão contemporânea sobre espiritualidade. Esqueça a "religião" no sentido antigo ou nas maneiras confusas nas quais as pessoas ainda usam essa palavra hoje em dia. Esqueça também as rebeliões confusas e contrarrebeliões da década de 1960 e de todos os outros períodos e movimentos que moldaram a cultura ocidental que temos hoje. Aprenda a pensar com a mente de um judeu do segundo Templo, acreditando que o céu e a terra foram projetados para se sobrepor, descobrindo que o Templo, onde isso aconteceu soberanamente, estava sendo substituído por esse jovem chamado Jesus, e que a Torá, a lei divina que renovava e vivificava seus pensamentos, seus sentimentos, seus motivos e suas emoções mais íntimos agora era ofuscada pelo próprio Espírito de Deus, oferecido gratuitamente e permitindo que se adorasse de coração e servisse a Deus de forma totalmente nova.

João escreveu no final do prólogo: "Vejam, a lei foi dada por intermédio de Moisés; a graça e a verdade vieram por intermédio de Jesus, o Messias" (1:17). Essa é a receita para uma espiritualidade genuína, transformadora e concentrada em Jesus. Essa espiritualidade ultrapassará as paródias egocêntricas e, muitas vezes, narcisistas oferecidas em muitos setores nos dias atuais.

Com isso, nos encontramos no mesmo ponto a que chegamos com os indicadores "justiça" e "amor". O que Jesus oferece no evangelho é a água da vida verdadeira e refrescante. Quem a experimenta sabe que tudo o que foi usado até o momento para matar sua sede, incluindo a tendência gnóstica de procurar respostas dentro de si, na melhor das hipóteses, não está funcionando e, na pior, é venenosa. Mas a água viva confirma que a sede era um verdadeiro indicador para a realidade. A presença de Jesus e o poder do Espírito confirmam que ser humano era e é uma coisa boa. Ser uma criatura do espaço, tempo e matéria era e é bom. E que o amor poderoso, salvador, curador e transformador de Deus está renovando o mundo inteiro e nós mesmos com ele. Esse é o significado da espiritualidade joanina, e isso aponta para o nosso próximo indicador fragmentado: vivemos em um mundo bonito, mas muitas vezes a feiura parece ter a última palavra.

# INTERLÚDIO: O MESSIAS EM JOÃO

Um tema muito importante na imagem que João faz de Jesus é o messiado. Não havia um modelo único de messiado no mundo judaico na época. Diversas fontes das escrituras contribuíram para a ideia predominante de um rei guerreiro que se livraria dos inimigos de Israel, construiria ou restauraria o Templo para que Deus viesse e morasse ali novamente, trazendo paz e justiça ao mundo. É por isso que muitas pessoas ficaram intrigadas quando Jesus pareceu estar fazendo e dizendo coisas impressionantes, mas ainda sem se encaixar na ideia de "messias" que poderiam ter (confira, por exemplo, João 7:31-52).

Mas João, assim como Paulo o fez, vê uma pista. Em duas ou três passagens nas escrituras, o rei vindouro é citado como o "filho de Deus". Isso fica claro em 2Samuel 7:12-14; Salmos 2:7 e 89:26-27. Esses trechos bíblicos famosos eram bem conhecidos nos dias de Jesus, porém, até onde sabemos, ninguém os vinculava à ideia de que, se e quando o messias aparecesse, de alguma forma *personificaria* o Deus de Israel de uma maneira pela qual a expressão "pai e filho" seria a mais apropriada.

No entanto, as pessoas já estavam chegando a essa conclusão no início do movimento cristão. Os primeiros discípulos logo perceberam que ela se harmonizava com a maneira vívida com que Jesus havia falado de "meu pai" ou do "do pai que me enviou". Vemos isso em Paulo e principalmente aqui em João. Um estudo completo ocuparia um livro inteiro, mas podemos olhar para apenas duas passagens: uma no começo do quarto evangelho e outra no fim.

No final do capítulo 1, Jesus tem uma conversa estranha com um novo discípulo, Natanael, o qual inicialmente está bastante desconfiado. Depois de um pouco de brincadeira ("Espere um instante", disse Jesus: "Você está me dizendo que crê apenas porque eu disse que o vi debaixo da figueira? Você verá muito mais que isso!" — João 1:50), chega um dos momentos da "verdade solene": "vocês verão o céu aberto, e os anjos de Deus subindo e descendo sobre o filho do homem" (1:51). Essa frase estranha e complexa ganha vida quando percebemos que Jesus está se referindo à história de Jacó, em cujo sonho havia uma escada entre o céu e a terra. No mundo antigo, essa ideia lembraria as pessoas de um Tabernáculo ou Templo, um lugar onde o céu e a terra estão juntos (ver Gênesis 28:10-22). Mas o que Jesus está dizendo aqui é que a "escada" agora é *ele próprio*, visto como o "filho do homem".

Isso também é confuso. Nos dias de Jesus, a expressão "filho do homem" poderia simplesmente significar "eu" ou "alguém como eu", mas seu uso em outras partes dos evangelhos, principalmente em João, aponta para Daniel 7. Ali, "alguém semelhante a um filho de um homem", representando o verdadeiro povo de Deus, é exaltado após aparente sofrimento e acaba sentado em um trono ao lado do "ancião".

O comentário de Jesus a Natanael ainda pode parecer sutil ou denso a ponto de não ser compreendido, porém, quando lemos o diálogo entre Jesus e Natanael à luz do livro inteiro, tudo começa a fazer sentido. Natanael questionou se Jesus poderia, de fato, ser o messias. Jesus responde que isso será esclarecido, mas que o próprio messias deve ser visto como uma vocação que unirá o céu e a terra e que fará e será para Israel e o mundo o que o Templo foi e fez. Isso é imediatamente confirmado no capítulo seguinte, no qual João explica que Jesus "falava do 'templo' de seu corpo".

O mesmo tema surge, de formas muito diferentes, nas passagens finais do livro, ou seja, no final original, já que deduzimos que o capítulo 21 foi acrescentado algum tempo depois. Tomé declara que não acredita que Jesus ressuscitou, a menos que possa tocar e ver as marcas feitas pelas unhas e pela lança. Jesus — provavelmente com um sorriso — convida Tomé a fazer exatamente isso: tocar e ver. De forma fascinante, João não conta que Tomé de fato alcançou e tocou as feridas, mas sim que exclamou: "Meu Mestre e meu Deus!" (João 20:28).

Essa é a primeira vez no livro inteiro que alguém usa a palavra "Deus" para se dirigir a Jesus. João está nos trazendo de volta para onde começou, com a Palavra que era e é Deus. Ele diz que agora tudo é revelado, e então vem a conclusão "oficial": "Jesus realizou outros sinais miraculosos na presença de seus discípulos que não estão registrados neste livro. Mas esses estão registrados aqui para que vocês creiam que o Messias, o filho de Deus, não é outro senão Jesus, e crendo, tenham vida em seu nome" (João 20:30-31). Existe uma discussão se o "vocês", nesse trecho, alude a pessoas que ainda não acreditaram ou que acreditaram, mas precisam continuar agindo dessa maneira. Isso não importa muito para o nosso debate: o que importa é o foco exato dessa última frase.

A maioria das traduções coloca da seguinte forma: "para que acreditem que Jesus é o Messias [Cristo], o filho de Deus". Em outras palavras, João estaria dizendo: "Vocês já ouviram falar de Jesus. Agora mostrei que ele é o Messias, o filho de Deus". Mas o grego sugere fortemente que seja o contrário. Assim como aconteceu com André, Pedro, Filipe e Natanael em João 1:35-51, já existe no ar uma pergunta sobre um messias que será o "filho de Deus" no sentido "real" aludido em Salmos 2. Mas agora João mostrou que esse "Messias, filho de Deus", é *ninguém menos que o próprio Jesus*, e era isso que o livro pretendia demonstrar.

Isso significa que tanto em João quanto em Paulo vemos a expressão "filho de Deus" fazer algo que não havia sido feito antes, pois ninguém pensou que fosse necessário tentar. Essa pequena e poderosa frase passa a possuir dois significados que originalmente eram diferentes. Na escrita judaica, "filho de Deus" poderia ser usado para se referir a Israel (ver, por exemplo, Oseias 11:1) ou, como lemos anteriormente, ao messias. A rigor, em alguns momentos tal frase poderia também ser empregada para designar seres angelicais (ver, por exemplo, Gênesis 6:4; Jó 1:6). Mas os primeiros seguidores de Jesus parecem ter percebido que com o próprio Jesus, que constantemente aludia ao seu "pai" e até sugeria que ele e o Pai eram "um" (João 10:30) e que qualquer um que o tivesse visto, havia visto o Pai (14:9), a expressão "filho de Deus" era a forma natural e correta de unir os dois fios que anteriormente estavam desconectados.

De um lado, a ideia do messias de Israel e, do outro, a concepção ainda maior e mais assustadora de que o Deus de Israel, no cumprimento de suas antigas promessas, passaria a viver como um ser humano entre seu povo, venceria as forças obscuras do mal, resgataria Israel e o mundo de seu domínio e apresentaria a nova criação. Em outras palavras, assim como João sugere em 1:14 ("a Palavra se tornou carne") que existe uma *congruência* absoluta na encarnação, ele sugere também, ao longo de seu evangelho, que existe uma absoluta congruência no fato de o messias de Israel ser essa presença "*tabernaculadora*" de Deus.

É certo que não podemos encaixar todas essas ideias como se fossem parte de uma equação matemática ou de um experimento de Física de Altas Energias. Mas João insiste que, dentro da narrativa e das profecias das escrituras de Israel, elas fazem todo o sentido possível. Quando olhamos para Jesus e o reconhecemos como o messias de Israel, percebemos também que nesse mesmo Messias, o Deus vivo, o Deus de Abraão, Isaque e Jacó, o EU SOU que resgatou Israel do Egito finalmente cumpriu sua maior promessa: a de vir e morar com seu povo. Ele veio pessoalmente, na pessoa do tão esperado Messias, para resgatá-los e trazer à luz sua nova criação.

# BELEZA

Restavam apenas alguns dias desse ciclo da Lua, que se erguia agora no Sudeste cerca de duas horas antes do amanhecer. Coloquei-me do lado de fora, no ar gelado da manhã, sob um céu totalmente limpo, mais uma vez maravilhado com o número infinito de luzes brilhando acima de mim, pequenas mensagens enviadas há tanto tempo que fazem os acontecimentos do evangelho de João parecerem recentes. Ali estava a Lua, baixa e dramática em sua fase crescente. À sua esquerda, estava o planeta Vênus, cintilante como a luz de um avião pousando, e à sua direita, Júpiter, não tão iluminado, mas com sua própria beleza esplendorosa. Tive de entrar em casa, mas voltei várias vezes e, quando o Sol nasceu, três ou quatro grupos diferentes de gansos subiram com ele, grasnando e batendo as asas em sua jornada matinal, voando logo depois do crescente brilhante e dos planetas ainda visíveis.

Agora o céu está nublado. Os gansos se foram, bem como a glória da noite. Sinto-me privilegiado, porém também triste. Uma beleza tão fascinante, porém tão breve. Sim, ela voltará, ainda que, como sempre, exista a sensação de desejar e esperar que dessa vez dure. C. S. Lewis escreveu um poema sobre a falsa promessa da primavera, com os pássaros cantando que, desta vez, o verão continuaria para sempre.

É claro que sei que, se a Lua e os planetas estivessem no céu exatamente no mesmo lugar todos os dias, até eles perderiam seu charme. Sei também que, se minha neta nunca crescesse, e sim vivesse uma infância eterna como Peter Pan, sempre com o mesmo sorriso de derreter corações e seu afeto impulsivo, eu saberia (como os outros) que algo estava muito errado. E meus momentos favoritos na música da qual mais gosto são exatamente os que estão por vir precisamente *naquele instante* a fim de me dizerem *o que dizem* (embora o façam de maneiras diferentes toda vez que os ouço). E, assim, tornarem-se uma memória absorvida primeiramente no fluxo da canção e, depois, entrarem no meu coração. Eu diria que se tornam "somente" uma lembrança, mas talvez isso também esteja errado, pois fazem parte de quem eu sou.

Entretanto, até mesmo isso é um quebra-cabeça. Eu também sou tão transitório quanto à Lua, aos gansos, à sinfonia; e, tendo chegado ao que o salmista viu como meu tempo natural, a pessoa cheia de beleza que me tornei (e, sim, a mesma que foi feia pela loucura e pelo pecado) voltará ao pó de onde vim. Wilfred Owen, poeta da Primeira Guerra Mundial, questionou o seguinte: "Foi para isso que o barro cresceu tanto?"

Todos nós somos ligados à beleza, buscando um significado mais profundo e rico em um mundo que às vezes parece transbordar de prazer, apesar de, em outros momentos, ser terrível e frio. A beleza — a sensação assombrosa do encanto, as pontadas transitórias, porém muito poderosas de algo como o amor, mas algo que vai além, algo diferente — também não é, no final das contas, uma mera reviravolta evolutiva, um reflexo de um desejo hereditário de caçar presas, encontrar um companheiro ou fugir do perigo. É um indicador da presença estranha e gentilmente exigente do Deus vivo no meio de seu mundo.

Todavia, como a própria morte revela, se a beleza é de alguma maneira um sinalizador de uma realidade mais profunda e da verdade do próprio Deus, é um indicador fragmentado. Nosso mundo envenenado está muito aquém do ideal estético ou sagrado, e talvez seja por isso que a arte tenha se tornado um desafio. A última geração de jovens artistas britânicos é notória por retratar a feiura, as realidades sórdidas da vida, convidando-nos a ver, nas palavras do dramaturgo Harold Pinter, "a doninha sob a cristaleira". Todo o movimento zomba das pretensões do mundo de hoje. Ao reagir contra o sentimentalismo, a fantasia sonhadora, nossa cultura passou a aceitar o brutalismo, cujos blocos de concreto da torre atrapalham nossas visões românticas de castelos de fadas e chalés aconchegantes. Isso também afeta nossa vida política, dividida como tantas vezes entre aqueles que querem voltar à fantasia de "como as coisas estavam em épocas melhores" e aqueles que insistem que essas "épocas melhores" eram opressivas e vazias. Mostramos o lado sórdido da vida com tanta frequência que nossas roupas culturais agora parecem não ser nada além de remendos.

Existe um niilismo sobre esse clima predominante, um tipo de adoração à morte que vai muito além do tema do amor pela morte dos românticos do século 19. O filósofo Theodore Adorno declara que não se pode escrever poesia depois de Auschwitz. Penso que ele quis dizer o seguinte: a beleza, assim como a justiça, desapareceu do mundo, por isso, não devemos tentar melhorar as coisas; afinal, Auschwitz é onde dizem que nenhum pássaro canta até hoje. Talvez os "pássaros cantores humanos" também precisem se calar diante da feiura absoluta (como comentou a filósofa política Hannah Arendt) e da banalidade do mal, em uma exposição pública no coração do mundo supostamente civilizado.

Contudo, talvez ainda existam alternativas. O *War Requiem* [Réquiem de Guerra], de Benjamin Britten, inspirado nos poemas de Wilfred Owen, tentou ao menos dar uma beleza sombria e solene a partir daquilo tudo, assim como o segundo ato do primeiro Quarteto de Cordas de Beethoven (op. 18, número 1) foi uma tentativa intencional de evocar o final trágico de *Romeu e*

*Julieta*. Quem sabe parte do papel da beleza seja realmente nos ajudar a encontrar a graça na dor. Talvez.

No entanto, nessa fragilidade, vemos um Deus que parece se importar profundamente com a beleza, um Deus que, segundo a Bíblia, criou os céus e a terra para mostrar sua glória, não porque ele precisava que admirássemos tal glória, mas porque ela foi uma verdadeira manifestação de seu amor generoso. Além disso, esse Deus ousa sussurrar para nós, mesmo em meio ao nosso mundo deturpado, que somos criados à sua própria imagem e que essa vocação que o reflete pode ser e está sendo restaurada. Esse é um tema muito importante no Novo Testamento, mas a questão é: como ele funciona? Como podemos compreender tudo isso? Como a beleza pode ser outra coisa além de um indicador fragmentado?

## UM DEUS GLORIOSO

À primeira vista, a Bíblia não parece falar muito sobre a beleza. Caso se procure o termo numa concordância bíblica, não serão encontradas muitas referências, embora existam algumas e estas sejam importantes. E temo que parte do que a Bíblia *realmente* diz sobre o assunto, embora não use necessariamente a palavra beleza, tenha sido controlado pelas tradições bem rígidas da leitura e do estudo das escrituras que procuravam mais dogmas do que encanto. Caso alguém passe seu tempo perguntando se a segunda metade do livro de Êxodo veio de uma fonte do século 4 e não do século 10 e se preocupando com que partes do texto foram inseridas por um redator posterior, essa pessoa pode estar focando no ponto errado. Nesse caso, seria como alguém que entra em uma galeria de arte maravilhosa e se concentra nos diferentes tipos de molduras.

Porém, de certa forma, a segunda metade do livro de Êxodo é toda sobre beleza e narra o comissionamento e a construção do Tabernáculo no deserto, cujas cores vivas e decoração rica devem ter sido ainda mais impressionantes no meio de um deserto árido.

E é para ele que o evangelho de João direciona nossa atenção desde o começo, afirmando que a Palavra se tornou carne e *tabernaculou* em nosso meio.

É óbvio que o evangelho de João não é teoria, e sim uma narrativa na grande tradição hebraica, inspirada claramente nos temas e vertentes de Gênesis, Êxodo, Salmos e Isaías. A "Palavra" que se torna "carne" pode significar muitas coisas, mas foi certamente ouvida por leitores estudiosos do mundo antigo, de acordo com a ideia do *logos* no antigo estoicismo e platonismo. Porém, o contexto mais amplo em João 1 insiste que o significado principal vem das escrituras hebraicas. É a Palavra pela qual os céus foram criados (Salmo 33:6), a Palavra criativa que durará para sempre, ainda que toda a "carne" possa perecer (Isaías 40:6-8). A Palavra cairá como chuva ou neve e realizará a obra de Deus no mundo, especificamente a nova criação, que surgirá depois das antigas catástrofes (55:10-11).

O prólogo impactante de João, evocando esses contextos e muitos outros, alcança as dimensões poéticas, juntando a história do Criador e seu mundo com a história humana de João Batista e Jesus, o desafio humano de acreditar e se tornar um dos filhos de Deus e a história totalmente humana, cheia de imagens e de glória da "Palavra que se tornou carne". Existem muitas coisas que são ditas de maneira melhor na poesia do que na prosa, porém o prólogo de João é um tipo de prosa grandiosa, quase poética, que reúne muitas vertentes de significado e beleza. Assim, o prólogo funciona como uma grande porta de entrada, convidando-nos a uma casa que é preenchida, corredor por corredor, sala por sala, com mais beleza.

Se a beleza da criação aponta constantemente para a "glória de Deus" e se a história de Jesus é a história da revelação dessa "glória", deveríamos estar lendo essa narrativa com os olhos e ouvidos abertos para esse tipo de significado. E aqui, com certeza, esse é o caso. As experiências vívidas e espantosas de Jesus com seus amigos, sua mãe e até com estranhos, suas ações inesperadas e suas explicações: tudo isso enche completamente a história realista do primeiro século de beleza, da mesma forma que o crepúsculo envolve objetos e cenas comuns com um significado repentino e estranho.

A qualidade da escrita de João atinge esse objetivo. Jesus diz que "revelou sua glória" ao realizar seu primeiro "sinal" (2:11). E ele continuou fazendo isto: abrindo os olhos de quem estava ao seu redor, ou ao menos de algumas delas. A narrativa de João sobre a história, no próximo nível, abre os olhos de seus leitores para que vejam a beleza da criação transformada pela presença pessoal da Palavra criativa.

João recorre a uma rica história bíblica quando fala da revelação da glória de Deus. O salmista canta que há "poder e dignidade no seu santuário" (Salmos 96:6), usando a mesma palavra (*tiphereth*) empregada em Êxodo 28:2 e 28:40, quando Deus ordena que Moisés produza as roupas ricamente adornadas para Arão e seus filhos, literalmente pela "dignidade e honra" (voltaremos a esse ponto). Esse termo hebraico é raro. Às vezes, em outras aplicações, sobrepõe-se com significados que podem expressar "honra", "pompa" ou "majestade". Em outras palavras, os antigos hebreus não isolaram a ideia de "beleza" como os ocidentais modernos costumam fazer. Além disso, ela foi incorporada a outros temas, incluindo o mais importante deles: "glória".

Como observamos no capítulo anterior, a ideia da glória divina habitando no Tabernáculo e, depois, no Templo em Jerusalém era parte da visão teológica mais ampla das escrituras hebraicas. As dicas que recebemos em diversas passagens sugerem que a gloriosa presença divina dentro dessas estruturas consagradas era algo que chamaríamos de grande beleza. Ela inspirou respeito, devoção, amor e adoração de uma forma que uma imensa pirâmide de pedra jamais poderia fazer.

Como sabemos, quando conhecemos algo ou até alguém realmente bonito, não precisamos ser *ensinados* a admirá-lo, pois já estamos "cheios de admiração", como costumamos dizer, pela visão ou pelo som disso. Acredito que é isso que acontece no outro salmo em que o poeta declara que Deus faz as manhãs e as noites para louvá-lo (65:8). A luz solar realçada, refratada pela atmosfera, empresta aos primeiros e aos últimos momentos do dia uma qualidade estranha e evocativa de que o meio-dia não precisa.

Na verdade, essas ideias poderiam ser a base do que alguns chamam de "teologia natural", a possibilidade de, contemplando as coisas no mundo atual, podermos deduzir verdades eternas sobre Deus. Alguém poderia ler Salmos 19 sob essa ótica, e eu realmente estava pensando nele enquanto olhava para a Lua com o que pareciam ser seus dois planetas acompanhantes logo antes do nascer do Sol nessa manhã:

> Os céus declaram a glória de Deus; o firmamento proclama a obra das suas mãos. Um dia fala disso a outro dia; uma noite o revela a outra noite. Sem discurso nem palavras, não se ouve a sua voz. Mas a sua voz ressoa por toda a terra, e as suas palavras, até os confins do mundo. (Salmos 19:1-4 — NVI).

Nessa primeira frase, "glória" é *kabod*, a palavra hebraica comum que serve como um argumento para a presença pesada e maravilhosa, além de fascinantemente bela, de Deus. Em seguida, refere-se a toda e qualquer coisa que reflete ou personifica essa sensação estranha, poderosa e indefinível de algo mais, algo ainda maior e mais íntimo do que conseguiríamos com uma análise química ou matemática.

E aqui, em meio a tudo isso, está Deus em Jesus, a Palavra que se tornou carne, revelando tranquilamente a glória divina da nova criação, a glória prometida nas escrituras que anteriormente não foram totalmente compreendidas e na crença acolhedora. *A Palavra se fez carne, viveu entre nós e contemplamos sua glória.*

Se pararmos por um momento e prendermos a respiração, podemos vislumbrá-la.

## À IMAGEM DE DEUS

Analisando a história bíblica sob um ângulo mais amplo, encontramos diversas dicas que sugerem que uma das razões pelas quais ansiamos pela beleza é o fato de termos sido criados à imagem de Deus. A ideia da "imagem" está relacionada ao *reflexo*: os humanos têm a vocação de refletir o poder e a glória do Criador no mundo. Desse modo, a mensagem bíblica é extremamente diferente das ideias predominantes nas culturas que cercavam os israelitas.

Pense nas pirâmides. Os israelitas escravizados conheciam as grandes pirâmides do Egito, entre as quais a maior, com mais de mil anos de idade, da época de Moisés, continua sendo a maior construção do mundo. Como vimos num capítulo anterior, elas são bastante numerosas, mas são impessoais, desumanas, monstruosas e declaram a tudo e a todos um pouco do poder absoluto dos reis para cujo enterro foram designados e dos deuses que eram adorados naquela cultura.

Lembre-se da descrição do Tabernáculo em Êxodo 25-30 e da sua construção efetiva após a rebelião terrível centrada no bezerro de ouro nos capítulos 35-39. Em ambas as passagens, está explícito o fato de que, junto com a construção do próprio Tabernáculo, existem instruções detalhadas para a produção de mantos e outros enfeites para os sacerdotes, especialmente para Arão e seus filhos. Nossa época anti-hierárquica pode instintivamente se rebelar contra a exaltação de uma família, porém, o ponto não é esse. Nessa construção, em vez de um rei morto, como nas pirâmides, temos um sacerdote vivo. O Deus que deve ser adorado aqui é o Deus à cuja imagem e semelhança os humanos foram criados. As roupas luxuosas usadas pelo sacerdote são um sinal de que esse

Deus quer erguer os seres humanos de sua existência empoeirada no deserto e torná-los "um reino de sacerdotes e uma nação santa" (Êxodo 19:6).

Assim, não devemos nos surpreender ao descobrir que, em vez de blocos imensos de pedra trazidos por milhares de escravos (os arqueólogos calcularam as milhares de pessoas e o tempo que levou para construir essas pirâmides), Moisés recebeu a ordem, em Êxodo 25, de coletar materiais belíssimos, coloridos e brilhantes:

> [...] ouro, prata e bronze, fios de tecido azul, roxo e vermelho, linho fino, pelos de cabra, peles de carneiro tingidas de vermelho, couro, madeira de acácia, azeite para iluminação; especiarias para o óleo da unção e para o incenso aromático; pedras de ônix e outras pedras preciosas para serem encravadas no colete sacerdotal e no peitoral (Êxodo 25:3-7 — NVI).

O prédio, sua mobília e as roupas dos sacerdotes são luxuosamente descritos e, então, após o infeliz hiato por conta do bezerro de ouro, são luxuosamente criados. Em nenhum momento o texto diz "veja como tudo isso é bonito", a não ser talvez nos trechos que acabamos de observar, nos quais as roupas de Arão são descritas como sendo "para honra e dignidade". Entretanto, isso faz parte do objetivo. Apenas um escritor incompetente declara "foi emocionante", "foi bonito" ou "foi assustador". Um bom escritor (assim como João certamente o é) o faz sentir e imaginar a beleza e a emoção sem precisar explicá-las.

Contudo, se lermos a segunda metade de Êxodo, pensando nos escravos que deixaram a terra das pirâmides e estão agora na selvagem e desolada península do Sinai, prestes a criar algo de uma beleza extraordinária e essencial, somos levados a ver isso como uma conquista incrível que deve ser celebrada. O Tabernáculo foi feito para encantar os olhos, o nariz, os ouvidos e, também, a imaginação, e parte do objetivo era ser uma obra de grande arte e habilidade. Os escolhidos para a construção e decoração eram enobrecidos por se envolverem na beleza planejada de Deus, na moradia pretendida por ele, nesse "pequeno cosmos", esse edifício de céu e terra que foram instruídos para edificar.

E esse é apenas o começo. É toda a preparação, novamente não para um rei morto e sua possível existência pós-morte em algum submundo imaginário, mas para o Deus vivo, o Criador poderoso e glorioso de tudo, que viria e encheria esse Tabernáculo com sua presença. Esse é o Deus que se deleita com a beleza e deseja que suas criaturas humanas portadoras de sua imagem façam cada vez mais coisas belas.

Esse tema é abordado em outro salmo importante: Salmos 8. Ali, refletindo sobre o mistério da vida humana em meio ao extenso cosmos, o poeta declara que, ainda que os seres humanos estejam realmente abaixo do nível dos anjos, são "coroados com glória e honra" (*kabod* e *hadar*). O fundamento para essa função é o domínio sobre o mundo de Deus dado a eles em Gênesis 1, refletindo a vocação de serem portadores da imagem.

O fato de os seres humanos serem criados à imagem de Deus aponta para a maneira geral pela qual a presença sublime dele permeia o mundo "comum" no evangelho de João. Vemos isso claramente no discurso maravilhoso e sugestivo do Bom Pastor em 10:1-18. Você não precisa de trabalhar numa fazenda para sentir a beleza da imagem, desenhando-a como o quadro que Isaías fez de Deus: "Como pastor, ele cuida de seu rebanho, com o braço ajunta os cordeiros e os carrega no colo; conduz com cuidado as ovelhas que amamentam suas crias" (Isaías 40:11). (Ele também traça um paralelo com a profecia do rei pastor em Ezequiel 34 e com a imagem muito mais sombria do pastor em Zacarias 11:11-17; 13:7) Embora esse discurso também seja cheio de perigos — Jesus contrasta-se constantemente com os requerentes rivais da realeza —, ele é carregado de poder poético:

> "Eu lhes digo esta verdade solene: todo aquele que não entra no aprisco das ovelhas pela porta, mas entra por outro lugar, é ladrão e assaltante", disse Jesus. "Mas aquele que entra pela porta é o pastor das ovelhas. O porteiro abre-lhe a porta, e as ovelhas ouvem sua voz. [...] Eu sou a porta. Todo aquele que entra por mim será salvo, entrará, sairá e encontrará pastagem. O ladrão vem apenas para roubar, e matar, e destruir. Eu vim para que tenham vida — sim, e para que a tenham plenamente, até transbordar."
> (João 10:1-5, 9-10).

Essa passagem é uma bela expressão de uma imagem bonita por si só, descrevendo uma realidade ainda mais bela. E tal realidade, para quem tem ouvidos para ouvir (principalmente ouvidos atentos para a herança bíblica de João), é a difusão do comum — um ser humano real navegando em sua vocação contra a oposição verdadeira, com o destino de pessoas reais dependendo de suas palavras — com o extraordinário, ou melhor, o divino.

Em Ezequiel 34, esse sentido da presença divina embutida na realidade humana se manifesta quando tentamos descobrir quem é o "pastor" que virá e resolverá tudo. Será o próprio Deus, como parece no início, ou Davi, o rei vindouro, como parece mais tarde? Acredito que o profeta esteja dizendo: "na verdade, ambas as alternativas", embora sem explicar como.

E é nessa sobreposição, na súbita percepção de que *verdadeiramente YHWH está neste lugar*, como Jacó disse quando acordou de seu sonho da escada entre o céu e a terra (Gênesis 28:16), que sentimos a presença sublime: algo "mais" está "acontecendo", como costumamos dizer. (O fato de recorrermos a uma linguagem mais alarmista nesse momento indica que algo precisa ser dito e que ficamos rapidamente sem uma linguagem apropriada.) Para colocar em uma linguagem de certa forma grandiosa, o sentido envolvente do transcendente num lugar-comum aponta para o Criador vivo, amoroso, misterioso e alegre, que nos fez à sua imagem, um pouco inferiores aos anjos, para nos chamar e nos permitir refletir sua criatividade amorosa em seu mundo.

# A BELEZA DA RESSURREIÇÃO

A preocupação de João com a beleza se torna explícita na cena magnífica do capítulo 11, quando Jesus ressuscita Lázaro. Alguém realmente deveria tê-la transformado numa ópera, já que possui todas as qualidades necessárias para isso. Acredito que a beleza da história como um todo está na maneira como o clímax — Lázaro saindo vivo da tumba — é apresentado, de ponta a ponta, com o cheiro da morte, cheiro este que Marta temia quando Jesus lhes disse para tirarem a pedra do túmulo. No primeiro parágrafo (11:1-16), Jesus recebe a mensagem de que Lázaro está doente, à beira da morte, mas decide permanecer onde está por mais dois dias. Por que ele não vai até lá? Talvez, pensem os discípulos, pelo fato de Betânia estar perto de Jerusalém e, no caso, os judeus (aqueles que vivem em Jerusalém e nos arredores) planejassem matá-lo. Isso Jesus não nega. Na verdade, a ideia da morte do próprio Jesus, assim como a de Lázaro, é importante como parte do contexto da história. Tomé, sombrio como sempre, resume tudo. Se precisam ir a Jerusalém, vão. "Vamos também para morrermos com ele" (11:16). A cena está pronta.

Porém, a ação central da história se concentra numa nova vida. Marta e Maria repreendem Jesus por não ter vindo antes. O diálogo é rápido, afiado e intenso. Se realmente nos aprofundarmos nele, veremos que não é só Jesus quem está perto das lágrimas quando atingirmos o clímax. Então chega o momento impregnado dessa luz especial que fez o salmista cantar: "Removam a pedra", disse Jesus. "Mas, Mestre", disse Marta, irmã do homem morto, "já faz quatro dias, ele já cheira mal". "Eu não lhe disse que, se crer, verá a glória de Deus?", disse-lhe Jesus. Então, removeram a pedra (João 11:39-41a).

Agora, nesse ponto, os leitores atentos de João desejam saber: "Afinal, havia um cheiro? Se não, por que não?" João dá-nos a resposta, dizendo o que Jesus fez em seguida: uma oração, não com um pedido ("por favor, devolva a vida a Lázaro"), e sim de *ação de graças*. Algo aconteceu quando removeram a pedra, o que significava que ele já sabia a resposta para a oração que havia feito mais cedo, naqueles dois dias tristes em que o cheiro da morte estava sobre eles: "[...] Obrigado, pai", disse ele, "por me ouvires! Sei que tu sempre me ouves, mas eu disse isso por causa do povo que está aqui, para que eles creiam que tu me enviaste" (João 11:41b-42).

Agora, tudo o que restava era tornar público e visível o que já havia sido conquistado: "Após dizer essas palavras, ele falou em voz alta: 'Lázaro, venha para fora!'" (João 11:43).

Talvez isso não deva se tornar uma ópera, e sim uma peça ou um filme. Imagine uma pausa. Todos prendem a respiração e então: "E o homem morto saiu. Ele estava todo envolvido em faixas de linho, pés e mãos, e o rosto envolto em um pano. 'Soltem-no', disse Jesus, 'e deixem-no ir'" (João 11:44).

A nova vida irrompeu no meio de um mundo de morte, e um mundo de morte é o que ele ainda é. Alguns dos espectadores contaram aos críticos de Jesus o que havia acontecido. Os principais sacerdotes se reuniram para decidir, antes de qualquer julgamento, que Jesus teria de morrer. A beleza de toda a cena é que a promessa poderosa da vida surge em um mundo ainda moldado pela morte. Na arte literária de João, isso funciona como uma imagem do que o evangelho como um todo está fazendo.

Exatamente como João planejou, toda essa narrativa leva à morte de Jesus, o lugar onde a glória divina é plena e definitivamente revelada. Porém, isso não é definitivo, pois, com a ressurreição de Jesus (cuidadosamente diferenciada da ressurreição de

Lázaro, que sai ainda envolto na roupa do túmulo, enquanto Jesus misteriosamente deixa suas vestes fúnebres para trás em 20:6-7), temos um novo começo. Aqui, a descrição de João também faz o que as pinturas mais belas do mundo fazem: convida-nos a ficar em silêncio e contemplar a beleza além das palavras:

> No primeiro dia da semana, bem cedo, Maria Madalena foi ao sepulcro quando ainda estava escuro. Ela viu que a pedra fora removida da entrada do sepulcro. Então, correu ao encontro de Simão Pedro e do outro discípulo, aquele a quem Jesus amava. "Tiraram o mestre do sepulcro! E não sabemos onde o colocaram", disse ela. Pedro e o outro discípulo correram para o sepulcro. O outro discípulo correu mais depressa que Pedro e chegou primeiro ao sepulcro. Ele se curvou, olhou para dentro e viu as tiras de linho lá, mas não entrou no sepulcro. Em seguida, Simão Pedro, que o seguia, chegou e entrou no sepulcro. Ele viu as tiras de linho lá dispostas, e o lenço que estivera sobre a cabeça de Jesus estava separado das faixas de linho, mas dobrado. Então, o outro discípulo, que chegara primeiro ao sepulcro, também entrou. Ele viu e creu. Eles ainda não sabiam que a Bíblia dizia que era necessário que ele ressuscitasse da morte. Em seguida, os discípulos retornaram para casa (João 20:1-10).

Parte da arte aqui é que, apesar de ser uma cena muito movimentada, com pessoas correndo de um lado para o outro à meia-luz, sentimos que, por trás dessa atividade, dessa atmosfera de pânico, existe uma realidade sublime, satisfatória e tranquila sendo revelada, cheia de alegria mas também solene e séria, tão ampla que chega a ser inimaginável. Pensamos: *então, não é assim que sempre acontece*? Tudo o que os humanos parecem capazes de fazer é vaguear na escuridão, tentando acertar, mas sem entender muito bem. Quando pensamos que tudo não passa de um disparate, Deus realiza algo imenso e poderoso e, sim, belíssimo.

Desse modo, o relato que João faz da ressurreição traz à tona um sentido intangível da Palavra que se tornou carne, do sagrado em meio ao nosso mundo, da beleza emergindo do que mais obviamente a desafia: a corrupção horrível da própria morte. Não é surpreendente que Maria e os outros ainda não consigam entender. Porém, como vimos anteriormente, quando exploramos a conexão observada por João entre o Templo e a encarnação de Jesus, sua história da ressurreição faz parte de uma forte tradição bíblica que lança uma luz poderosa sobre a forma pela qual o Deus verdadeiro deseja habitar entre nós.

Vale lembrar que, no prólogo de João, a Palavra se tornou carne e *tabernaculou* entre nós. Esse é o ponto ao qual João agora retorna. Na Tenda do deserto, seu centro, o ponto mais santo de todos, na parte mais interna, estava o Santo dos Santos. E ali, em vez de uma "imagem" de Deus, havia a "caixa do pacto", a arca da aliança, um baú contendo as tábuas da Torá. A tampa da arca era o "propiciatório", o lugar para onde Deus havia prometido vir para se encontrar com seu povo. Esse era o espaço em que, uma vez por ano, no dia da expiação, o sumo sacerdote entrava para estar na presença do Deus da aliança de Israel, e é isso que João parece ter agora em mente.

Em cada uma das extremidades do propiciatório, esculpidas gloriosamente com o mesmo ouro da própria cobertura, havia dois querubins (Êxodo 37:6-9). Se o Tabernáculo como um todo era o grande símbolo de beleza, a beleza da criação e da nova criação, mesmo num mundo árido e entre um povo rebelde, essa peça de mobília era o sinal de que quando Deus desejava encontrar-se com seu povo, esse seria também um momento de beleza radiante. Agora João usa essa ilustração — os anjos nas extremidades do propiciatório, o local onde Deus encontraria seu povo em beleza e graça — para nos contar que agora o Deus de Israel, em Jesus, se juntou aos seus de uma vez por todas. Ele ergueu seu Tabernáculo e apresentou a nova criação, da qual ele era simplesmente um sinal prévio: "Mas Maria ficou à entrada do sepulcro, chorando. Enquanto chorava, ela se curvou para olhar dentro do sepulcro. Ela viu dois anjos, vestidos de branco, sentados onde estivera o corpo de Jesus, um à cabeceira e outro aos pés" (João 20:11-12).

Os anjos perguntam a Maria por que ela está chorando, e ela explica. Todavia, a análise de João já está ali, escondendo-se à vista de todos. Maria encarna a tristeza de Israel, o grande lamento que remete ao sofrimento das mulheres israelitas no assassinato de seus filhos no Egito, no desespero dos exilados na Babilônia, nas mágoas não curadas que aparecem nos Salmos, na dor trágica que soluça a cada frase das lamentações de Jeremias. Eles questionam: por que ela está chorando? Bem, por que não deveria estar? Por que o mundo não deveria estar também vertendo lágrimas? E, com a resposta, os escritos de João personificam o segredo íntimo da beleza, que se recusa a ser reduzida a sentimentalismos ou rejeitada no brutalismo pseudorrealista que ri amargamente do pensamento de que alguma vez houve esperança:

> [...] "Levaram embora meu Mestre", disse ela, "e não sei onde o puseram!" Ao dizer isso, ela se voltou e viu Jesus ali, de pé, mas não o reconheceu. "Mulher, por que você está chorando? A quem você procura?", perguntou-lhe Jesus. Ela pensou que fosse o jardineiro e disse: "Senhor, se o levou embora, diga-me onde o colocou, e eu o levarei embora." "Maria!", disse Jesus. Ela se virou e disse em aramaico: "Rabôni!" (que quer dizer "Mestre!"). "Não se apegue a mim, pois ainda não voltei para o pai", disse Jesus. "Vá a meus irmãos e diga-lhes: Estou voltando para meu pai e pai de vocês,

para meu Deus e Deus de vocês." Maria Madalena foi e disse aos discípulos: "Eu vi o Mestre!" E contou-lhes o que ele lhe dissera. (João 20:13-18).

Com essa cena dupla, os dois discípulos, nos versículos 1-10, e Maria, em 11-18, João aumentou ainda mais seu contexto, que já era amplo. Ele precisa ser concluído no restante do capítulo e, assim, voltaremos ao assunto, mas já podemos ver o que aconteceu. *A questão aqui é a nova criação*. É o "primeiro dia da semana". Nem todas as traduções colocam tais palavras como as primeiras do capítulo, embora tenha sido desse modo que João as escreveu. E ele as repete ao descrever a noite no versículo 19. O trabalho da "semana" anterior foi finalizado, e agora a nova criação pode e irá começar.

Percebemos ecos do prólogo: a luz inicial, a vida nova, o convite para sermos "filhos de Deus" e, acima de tudo, a presença "*tabernaculadora*" do Filho encarnado. E, com isso, há também fortes ecos de Gênesis. Na cena de Jesus e Maria no jardim, essa "filha de Eva" supõe que esse "filho de Adão" é o jardineiro, como realmente é. Neste momento, ele está tornando todas as coisas novas, e faz isso em si mesmo, como os primeiros frutos da nova criação. Por meio da sua nova autoridade, traz nova criação à vida ao seu redor.

Com isso, nosso argumento neste capítulo volta ao ponto inicial. Nosso desejo humano pela beleza, por um significado transcendente, acaba sendo mais do que esperávamos. É um indicador dado por Deus, projetado para nos conduzir de volta à sua presença. Ah, suspiramos, mas termina em escuridão e horror, com o pó da morte encobrindo a beleza com camadas grossas e sufocantes de feiura. João diz: sim, mas veja o que o Deus criador agora faz. Ele abre caminho pela morte e sai do outro lado para uma nova criação, nova beleza e nova vida.

Tanto na essência dessa história quanto na forma como é contada, João fala de uma beleza que sempre aponta para o seu criador, mesmo diante do fato de que "o mundo foi feito por intermédio dele, mas o mundo não o conhecia" (1:10). Ao conduzir nossa atenção para a narrativa da história de Jesus sobre o Tabernáculo e o Templo, bem como para o mundo da criação, João captou o maior objetivo nisso tudo: apontar para o dia que estava por vir em que a própria beleza, por conta da Palavra ter se tornado carne, seria encarnada para tornar todas as coisas novas.

Não é possível, portanto, fazer todo o trajeto, apenas por meio da argumentação, da percepção humana e do prazer da beleza até a existência ou o caráter do Criador. Porém, quando, pela beleza literária do evangelho de João, somos confrontados com a beleza do amor redentor na história de Jesus, percebemos, ao olhar para trás, que os sinais que estávamos recebendo de toda a beleza do mundo estavam dizendo a verdade.

# INTERLÚDIO: JOÃO E AS FESTIVIDADES JUDAICAS

Uma das primeiras coisas que notamos ao entender como João organizou seu livro é que ele se refere às festas judaicas mais do que todos os outros evangelhos juntos. Veremos especificamente o que João faz com a Páscoa no próximo capítulo (sobre a liberdade); todavia, no momento, analisaremos outros dois grandes festivais que ele destaca.

No capítulo 7, chega o momento da festa das Tabernáculos, e a família de Jesus encaminha-se para Jerusalém. Jesus lhes passa a impressão de que não os acompanhará, mas, quando os outros vão embora, prossegue sozinho. A festa dos Tabernáculos celebra um aspecto específico da história do Êxodo: a época em que os israelitas viviam no deserto, e Deus lhes deu água da rocha. As comemorações anuais envolviam, entre outras coisas, o derramamento solene da água no pátio do Templo. É nesse contexto que Jesus fez seu grande convite, refletindo Isaías 55:1: "Se alguém tiver sede, deve vir a mim e beber!" (João 7:37). Como vimos, isso foi interpretado por João como uma referência à promessa do derramamento do Espírito de Jesus.

Posteriormente, no capítulo 10, é inverno em Jerusalém, e isso significa que é tempo de Chanucá, Festa das Luzes. Parte das festividades da época consistia numa celebração com oito dias de duração, quando se acendiam as oito velas, o que acontece até hoje. Esse é o momento em que o povo judeu lembra, com ação de graças, a vitória de Judas Macabeu sobre o imperador sírio louco Antíoco Epifânio. Antíoco percorreu a Judeia em 167 a.C., tomou o Templo e o profanou. Isso deixou os judeus com duas opções: ceder (abandonando suas tradições ancestrais) ou rebelar-se.

Judas Macabeu e seus irmãos, filhos de Matatias, um idoso respeitável, decidiram pela rebelião. Três anos mais tarde, em dezembro de 164, conquistaram uma célebre vitória, limparam o Templo e começaram a restaurar Israel na Judeia, mais uma vez, como o verdadeiro povo do Deus Único. Judas e sua família, originalmente da linhagem sacerdotal, tornaram-se reis, apesar de não pertencerem à tribo de Judá ou à família de Davi. Mas eles foram responsáveis por outras realizações: purificaram o Templo e se livraram dos opressores estrangeiros, duas tarefas obviamente "messiânicas". Os descendentes de Judas, chamados asmoneus, governaram a Judeia pelos cem anos seguintes. Quando sua descendência chegou ao fim, e Herodes, o Grande, assumiu o cargo, casou-se com uma princesa asmoneia, Mariane, alegando que ele e seus herdeiros seriam os verdadeiros "reis dos judeus".

É isso, portanto, que define o contexto de João 10: o discurso do bom pastor. O uso da imagem pastoral para a realeza é comum no mundo antigo, e quando Jesus se refere a "todos aqueles que vieram antes de mim" como "ladrões e assaltantes", essa é uma linguagem bem explícita direcionada aos asmoneus, aos herodianos e a quaisquer outras possíveis figuras messiânicas que surgiam de tempos em tempos. Ele afirma que são todos impostores, são como empregados contratados que não enfrentam realmente o verdadeiro inimigo. Esse é o contexto em que Jesus alude ao "bom pastor" — o real e correto — que dá a vida pelas ovelhas. De maneira estranha, porém dramática, essa é a única qualificação messiânica que será levada em consideração.

Ao longo de todo esse tema joanino da realização das festas de Israel, fica claro o que João está fazendo: contando a história de Jesus, resumindo a história inteira de Israel, de Abraão até Moisés e até Davi e os profetas, para além da turbulência política recente que moldou o mundo judaico dos seus dias. Tudo se encaminhava para Jesus. Tudo se tornou realidade nele, embora de uma forma que ninguém jamais havia imaginado antes.

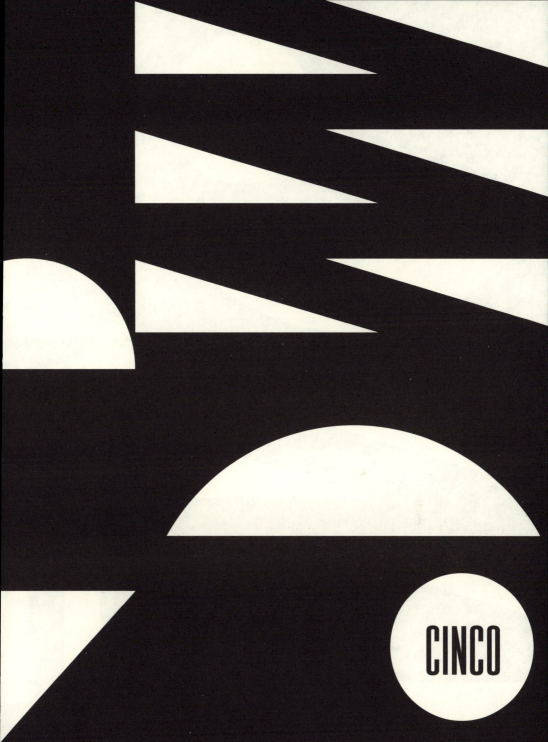

# LIBERDADE

Em 2011, houve um movimento repentino entre os habitantes mais jovens e com nível mais alto de educação no norte da África e no Oriente Médio. Seus pedidos consistiam em mais liberdade, democracia, direitos das mulheres, e assim por diante. Os jornalistas ocidentais chamaram isso de "primavera árabe". Hillary Clinton, que na época era secretária de Estado dos Estados Unidos, declarou que tal revolução tinha de ser apoiada, pois era "importante permanecer do lado certo da história". De alguma maneira, as potências ocidentais haviam planejado uma armadilha curiosa, um tipo de versão inferior do diagnóstico de Jean-Jacques Rousseau de que "o homem nasce livre e por toda a parte encontra-se acorrentado" e da receita de Marx para quebrar tais correntes. Tudo o que se precisa fazer é destruir alguns ditadores e, assim, a "liberdade" emergirá como um resultado revigorante e original, criando um mundo mais feliz, justo e equitativo. Tomara.

As potências ocidentais decidiram intervir e apoiar o processo; porém, só causaram mais desastres. Depois, optaram por não mais intervir e, no momento em que escrevo este texto, ainda observamos as consequências se desdobrarem. Liberdade? Primavera?

Não vemos agora rastro de nenhuma das duas. Em vez disso, há confusão, impulsionada por pensamentos superficiais de quem pode se refugiar na segurança do mundo ocidental. *Sabemos que a liberdade é importante para o desenvolvimento humano, mas consideramos mais difícil do que pensávamos entender o que ela significa ou como alcançá-la.*

Encontramos os mesmos quebra-cabeças no nível pessoal. Idosos como eu sorriem quando veem adolescentes que, livres das suas roupas infantis ou uniformes escolares, expressam sua "liberdade" usando jeans, camisetas e tênis idênticos. Ou, mais sombriamente, entregando-se às conhecidas fases da "liberdade": tabaco, álcool, drogas mais pesadas e sexo promíscuo. Como todos sabem, a "liberdade" de usar drogas leva à escravidão, e como todo conselheiro entende bem, mas muitos preferem esquecer, a liberdade de se envolver em diversos relacionamentos românticos ou sexuais funciona da mesma forma. Quando você é "fisgado", passa a ser seriamente escravizado. A liberdade numa direção é alcançada ao custo da não liberdade em outra. Faça a sua escolha.

Desse modo, nossa cultura foi atormentada por mal-entendidos relacionados à liberdade. A liberdade *de* restrições externas não é a mesma liberdade direcionada *a* algum propósito ou objetivo. Os grandes debates filosóficos sobre o livre-arbítrio funcionam da mesma forma. Tudo o que fazemos, dizemos e pensamos é, sutilmente, "determinado" por forças cegas operando em nossos genes e em nosso ambiente? Só porque *parece* que tenho a livre escolha de tomar esta estrada para a cidade ou para o mar, isso é uma mera ilusão?

É claro que ninguém vive realmente como um determinista rigoroso. Seria difícil principalmente quando se percebe que, se tudo o que você pensa é "condicionado" e "não livre", esse pensamento (de que "não sou livre, estou apenas pensando no que estou condicionado a pensar") em si é uma ideia restrita causada por outra coisa. Seguir esse caminho o enlouquecerá, entretanto, se sou "livre", isso significa que sou como uma molécula subatômica aleatória, circulando sem rima aparente ou motivo? Isso não é atraente, nem realmente crível.

A experiência humana ampla sugere que a liberdade costuma surgir *por meio de* um caminho que parece ser tudo, menos "livre". A liberdade de improvisar musicalmente ou compor sua própria música só existirá quando as disciplinas do aprendizado das escalas e a técnica instrumental tiverem sido dominadas. Às vezes, podemos imaginar que, quando os músicos improvisam, como no jazz e em outros gêneros, estão inventando *qualquer coisa*, tocando tudo que surge na cabeça. Não poderíamos estar mais enganados, pois, assim como a música clássica, o jazz depende de os instrumentistas saberem exatamente o que está acontecendo, ouvirem atentamente uns aos outros e garantirem que mesmo os *riffs* aparentemente mais ousados e as passagens estranhas cheguem à terra no instante correto, no tom certo. A música pode parecer esquisita para aqueles que não estão habituados ao idioma, mas tem coerência profunda; além disso, existe uma diferença entre a liberdade e o caos.

Assim, se sabemos que a liberdade é importante social e pessoalmente, e se temos mais dificuldade do que esperávamos para descobrir o que ela realmente significa, a quem pedir ajuda? A Bíblia nos mostra que nosso instinto de liberdade tem tudo a ver com o sentido da presença de Deus, e entendemos que ela é a história central que Deus deseja para o seu povo — tanto liberdade relacionada *a* coisas como o pecado e a idolatria *quanto a* ser amado. A história que João conta em seu evangelho, como a que vemos profundamente envolvida na textura do pensamento de Paulo, é a história de como o Deus criador ofereceu não só uma nova liberdade em si, como também uma nova *modalidade* de liberdade. Ao que parece, o Êxodo não é apenas um acontecimento na narrativa passada de Israel, e sim uma promessa para toda a criação, que Jesus torna real para todos os seus seguidores.

INDICADORES *fragmentados*

# A HISTÓRIA DE LIBERDADE DA PÁSCOA

Um fato não muito reconhecido é que a grande e mais ampla narrativa das escrituras hebraicas é a história da busca de Israel pela liberdade. A família de Abraão enfrenta muitas dificuldades em Gênesis e Êxodo, mas o maior problema é serem escravizados no Egito. A resposta é o Êxodo, celebrado todos os anos na Páscoa. Depois disso, o povo judeu passa a ser constantemente lembrado da fidelidade de YHWH nas escrituras — nos Profetas e nos Salmos — e nas festas anuais. Seu Deus havia realizado grandes atos de libertação no passado e o faria novamente.

Quando contamos a história do povo judeu nos séculos anteriores aos dias de Jesus, costumamos destacar as grandes revoltas políticas e sociais e a ascensão e queda de impérios (Pérsia, Grécia, Egito, Síria, Roma). Porém, nunca podemos nos esquecer de que, na maioria das famílias judias, nas cidades e nos vilarejos tanto da Judeia quanto da Galileia, e na dispersão cada vez maior do povo judeu pelo mundo, mentes seriam formadas todos os dias, meses e anos, não tanto com base na reflexão sobre as grandes potências registradas na história, e sim sobre os sábados, as Páscoas anuais, as outras festas e — quando conseguiam planejar — peregrinações à própria Jerusalém. Ali celebravam na cidade de Davi e oravam para que outro Davi fosse enviado, alguém que pudesse fazer a Páscoa acontecer novamente, que trouxesse um novo Êxodo real, uma libertação da escravidão de uma vez por todas.

No capítulo 2, João explica que era época de Páscoa quando Jesus veio a Jerusalém. Como tudo o mais nesse capítulo (o casamento em Caná e a demonstração no Templo), essa declaração tem peso para todo o evangelho. A Páscoa era, e ainda é, a maior das celebrações judaicas. Em suas origens e evoluções, continuou a ter ligação com a agricultura. O segundo dia após a Páscoa é a "oferta das primícias", a apresentação dos sinais e das esperanças iniciais de uma colheita vindoura diante de Deus. Não restam dúvidas de que essa seja parte da razão pela qual, na igreja primitiva, a ressurreição de Jesus era celebrada como as "primícias" da futura "colheita" da ressurreição geral e de toda a nova criação (ver, por exemplo, 1Coríntios 15:20-28).

Entretanto, a Páscoa em si, o sacrifício dos cordeiros e a Festa dos Pães Asmos, sempre foi mais do que uma festa agrícola. A partir de Êxodo 12, era a celebração do resgate de Deus de seu povo da escravidão no Egito. A liturgia da Páscoa, até os dias atuais, apresenta a grande história, desde o confronto de Moisés com o faraó e as pragas do Egito até a travessia do mar Vermelho e a jornada no deserto com a terra prometida sempre à vista. Como um festival litúrgico que envolve, quando possível, toda a família, sempre ficou gravada na mente dos adoradores a crença de que, por meio da fidelidade da aliança do Criador, Israel é um povo livre. Portanto, qualquer escravidão subsequente, de qualquer espécie, representa um tipo de erro de categoria, algo que Deus resolverá e corrigirá mais cedo ou mais tarde.

Desse modo, quando os judeus da época de Jesus se reuniam em Jerusalém para celebrar a Páscoa, faziam mais do que esperar uma boa colheita no final do ano. Diziam: "Deus nos libertou da escravidão muitos anos atrás *e esperamos que o faça novamente!*" Esse é, sem dúvida, o motivo do costume estranho, que encontramos nos quatro evangelhos, de o governador romano libertar um prisioneiro a pedido do povo. Era um sinal pequeno, talvez relutante por parte dos romanos — governantes pragmáticos — do significado da festa. Permitiam que os judeus tivessem um pouco de "liberdade" se isso os mantivesse quietos; além disso, um prisioneiro liberto não preocuparia César.

João menciona mais duas Páscoas e explora o significado de ambas. A primeira é o momento, no capítulo 6, no qual Jesus alimenta a grande multidão no deserto (6:4). Durante a maior parte do longo capítulo, com suas reviravoltas e discussões sobre o "pão do céu", guardamos claramente a história do Êxodo em nossa mente. Jesus caminha sobre a água, lembrando os discípulos da conquista de YHWH no Mar Vermelho (6:16-21). As pessoas mencionam que Moisés deu aos seus antepassados o pão do céu no deserto; Jesus parece fazer o mesmo (6:31-35). Porém, ele é mais do que simplesmente um profeta como Moisés, uma vez que não lhes *dá* meramente o pão; na verdade, ele *é* o pão; todavia, eles ainda não entendem nem entenderão até a terceira e última Páscoa na sequência.

Para uma melhor compreensão de Jesus e de todo o movimento cristão primitivo, é fundamental saber que foi *na ocasião da Páscoa* que Jesus optou por ir a Jerusalém e fazer o que tinha de ser feito. Ele não escolheu, para esse propósito, nenhuma das outras festividades (nem mesmo o grande e solene Dia da Expiação).

A Páscoa final é apresentada em João 13:1, na frase de abertura da segunda metade do evangelho. Há uma pergunta constante: João vê a Última Ceia (com a lavagem dos pés) como um tipo de refeição da Páscoa (como vemos claramente em Marcos, Mateus e Lucas) ou — uma vez que a cronologia é, cuidadosamente, levada em consideração, com os cordeiros pascais sendo sacrificados enquanto Jesus se encaminha à sua crucificação — ele vê a refeição como uma simples preparação? Talvez ele esteja sugerindo que Jesus celebrasse intencionalmente o feriado mais cedo, todavia, na verdade, o ponto não é esse.

Para João, assim como para todos os primeiros cristãos, o que Jesus realizou ao ir para a cruz e o que o Pai declarou quando o ressuscitou dos mortos foi *uma mensagem em forma de Páscoa*, a notícia de que a verdadeira liberdade estava finalmente sendo conquistada, que o grande faraó havia sido derrubado e que havia chegado o momento de o verdadeiro Tabernáculo ser edificado, a real Torá ser mantida e a herança final ser reivindicada. Tudo isso acontece na sequência da Páscoa relatada por João em seu evangelho, particularmente na terceira.

# A LIBERDADE DO PECADO E DOS ÍDOLOS

A ênfase de João na Páscoa demonstra repetidamente o compromisso de Deus em libertar seu povo de governantes e sistemas externamente opressores, mas Deus também se preocupa com o coração individual. Não nos surpreenderemos ao descobrir que a liberdade interna é um tema importante e controverso em João:

> Jesus falou aos habitantes da Judeia que creram nele: "Se vocês permanecerem firmes em minha palavra, serão realmente meus discípulos e conhecerão a verdade, e a verdade os libertará." "Nós somos descendentes de Abraão!", replicaram. "Nunca fomos escravos de ninguém! Como você pode dizer que seremos livres?" Jesus replica: "Eu lhes digo esta verdade solene: todo aquele que se entrega ao pecado é escravo do pecado. O escravo não tem lugar permanente na família, mas o filho pertence a ela para sempre. Portanto, se o filho os libertar, vocês serão realmente livres." (João 8:31-36).

Na verdade, toda a segunda metade do capítulo 8 aborda a questão dos verdadeiros filhos de Abraão, assunto que continuou incomodando muitos na igreja primitiva, como lemos nas cartas de Paulo aos gálatas e aos romanos. Porém, aqui repentinamente entram em foco os planos da liberdade no que diz respeito aos objetivos do Êxodo. Jesus, encarando as pessoas que "acreditaram nele" até aquele momento, explica — ou tenta explicar — que ele realmente está trazendo a tão esperada liberdade, mas que não será como esperam.

A reação inicial deles é surpreendente: "nunca fomos escravos de ninguém!" Isso é obviamente ridículo. Causam, consequentemente, tumulto. O ponto principal da narrativa central de Israel, a história do Êxodo, é justamente que Israel *estava* escravizado no Egito. A longa e lamentável história da Babilônia e do exílio foi outra forma de escravidão que muitos contemporâneos de Jesus viram continuar acontecendo de diversas maneiras até seus dias.

Jesus ignora essas inconsistências estranhas e vai direto para um tipo de "escravidão" muito diferente, dizendo: "todo aquele que se entrega ao pecado é escravo do pecado". De uma só vez, ele traduz o conceito de escravidão tão conhecido na tradição judaica (embora aparentemente excluído por seus atuais interlocutores) em uma doença do coração. Ele não diz que a escravidão "externa" não importa, e sim, intimamente relacionado ao que havia dito a Nicodemos, desafia seus ouvintes a perceberem que existe um tipo de escravidão profunda dentro de cada um e que isso realmente desqualifica alguém de fazer parte da verdadeira família de Abraão. (Acredito que esse seja o objetivo de dizer que o escravo não pertence à "casa".) Então, de onde vem essa ideia de um novo tipo de escravidão?

Assim como a maioria das outras inovações de Jesus, ela surge de muitas dicas encontradas nas próprias escrituras de Israel. Jeremias afirma que o coração é enganoso e desesperadamente perverso (17:9). Ele viu que o verdadeiro problema com o Israel de seus dias não era simplesmente fraqueza política ou liderança fraca, e sim algo muito, muito mais profundo. Jesus aponta isso em outras ocasiões, alertando sobre as doenças do coração, as quais produzem coisas que tornam o homem "impuro" (Marcos 7:20-23).

Ezequiel também analisa os problemas externos que levaram ao exílio de Israel e define um *tipo* diferente de coração como necessidade real (Ezequiel 36). Por trás de Jeremias e Ezequiel, está Deuteronômio 30, prometendo que, quando os israelitas se voltarem para Deus de todo o seu coração e sua alma, Deus "circuncidará" seus corações para que o amem e o sirvam verdadeiramente. E, segundo a história de Deuteronômio 27—29, isso significa que a escravidão e o exílio que virão sobre o povo serão finalmente vencidos. Em outras palavras, essa é a promessa da "nova aliança", como lemos em Jeremias 31.

Aqui e em outros trechos de João, Jesus vê claramente o pecado como algo maior do que simplesmente ações individuais erradas. Assim como Paulo, ele parece enxergar o pecado como um *poder*. Analisaremos o tema mais detalhadamente no último capítulo, mas, por enquanto, a fim de entendermos o que significa essa passagem estranha, porém importante, precisamos dizer o seguinte. Jesus explica que, quando alguém peca, isso não é uma mera falha moral, ou seja, não é simplesmente um lapso ou erro ocasional, e sim um sinal de que alguém ou algo está ditando as regras. Você até pode culpar os impulsos, porém sua resistência foi enfraquecida. Seu senhor de escravos deu as ordens, e você se vê desamparado seguindo o caminho errado. Em certo ponto, você pode ter se convencido de que esse é o caminho certo, assim como Winston Smith, o herói de George Orwell em *1984*, que acabou desistindo da luta desigual e passou a amar o Grande Irmão. É disso que Jesus está falando.

Então, que poder sombrio é esse que domina as pessoas, o qual Jesus podia ver que havia dominado seu próprio povo orgulhoso por ser "filho de Abraão"? A categoria mais abrangente nas escrituras que explica o que está acontecendo aqui é a idolatria. Ídolos — ainda mais poderosos quando não reconhecidos como tais — são tudo o que os seres humanos colocam acima do Deus Único e para quem dedicam sua lealdade além dele.

Por que fazemos isso? Porque os ídolos sempre prometem algo a mais — ou talvez muito a mais. Um ídolo começa como algo bom, uma boa parte da boa criação de Deus, mas, quando atrai a atenção e começa a oferecer mais do que realmente pode dar, passa a exigir sacrifícios. Você precisa abandonar parte de sua lealdade a Deus — e, muitas vezes, seus vizinhos, sua família e seus outros deveres — para dar uma nova atenção inadequada ao novo ídolo, seja ele qual for.

Ídolos são viciantes. Em nossa geração, conhecemos bem as formas de dependência comuns em nossa sociedade. Hoje a sociedade é menos viciada em cigarros do que era cinquenta anos atrás, porém o mesmo tipo de comportamento compulsivo e, muitas vezes, *destrutivo*, agora está ligado não só a álcool, maconha e outras drogas, mas também ao uso de tecnologias eletrônicas, como: *smartphones*, redes sociais, Facebook e assim por diante. Como sabemos, esses ídolos podem tornar-se *auto*destrutivos quando as pessoas retratam a si mesmas sob uma determinada luz e, então, lutam para viver segundo a imagem que criaram. Essas formas de dependência podem ser um exemplo clássico da definição de pecado de Lutero: "o ser humano se entregou". É claro que a tecnologia pode ser uma bênção, unindo indivíduos de todos os tipos, mas, em última análise, os relacionamentos reais com figuras reais são uma forma de liberdade. Relacionamentos pela metade com uma personalidade virtual podem ser um passo em direção à escravidão.

Esses são nossos vícios modernos, contudo, antigamente havia outros equivalentes. Quando olhamos para a carreira pública de Jesus e vemos o desafio que ele lançou, explícita e implicitamente, a seus contemporâneos, entendemos o que ele poderia estar pensando. No coração do clamor por liberdade entre os judeus dos dias de Jesus estava o desejo de ser politicamente independente de Roma e de todos os outros povos. Os melhores contemporâneos de Jesus falariam, sem dúvida, sobre purificar a terra, a cidade de Jerusalém e, principalmente, o Templo de toda a poluição externa, a fim de que os judeus pudessem ser o povo santo de Deus, pois possuíam consciência desse chamado.

Todavia, isso poderia facilmente se transformar e, sem dúvida muitas se transformou, em um desejo de simplesmente se livrar dos estrangeiros, de não se obrigar a pagar impostos, de viver como um povo orgulhoso e independente e de esquecer a vocação de Israel de ser a luz do mundo, o "sacerdócio real" escolhido para o bem universal, a fim de testemunhar ao Deus que os profetas haviam prometido que veriam seu nome reverenciado além das fronteiras de Israel (Malaquias 1:5,11,14). A idolatria da nação existe, e João descreve os principais sacerdotes e os fariseus que expressam exatamente isso no capítulo 11:

> Então, o chefe dos sacerdotes e os fariseus convocaram uma reunião. "O que vamos fazer?", perguntaram. "Esse homem está realizando muitos sinais. Se o deixarmos continuar, todos crerão nele! Então, os romanos virão e tirarão nosso lugar santo e nossa nação!" Contudo, um deles chamado Caifás, o sumo sacerdote naquele ano, dirigiu-se a eles. "Vocês não sabem absolutamente nada!", disse ele. "Vocês não perceberam nada! Vejam o que é melhor para vocês: deixar que um só homem morra em vez de toda a nação perecer." (João 11:47-50).

Alguém poderia sugerir que o "lugar sagrado" fosse o verdadeiro ponto de preocupação, todavia, pelo que sabemos sobre o Templo de Jerusalém nos dias de Jesus e o que muitos outros judeus pensavam dele, para os participantes dessa cena, o Templo era muito mais o centro do poder pessoal do que o lugar onde encontravam seu Deus santo e amoroso, o Criador de tudo. Ele havia se tornado um símbolo de orgulho nacional, *status* e segurança, e é claro que sabemos disso em nosso mundo. É como uma tentação humana mais ou menos universal, mas podemos ver muito bem nessa história o que significa cultuar ídolos: é estar preparado para oferecer sacrifício humano, se for necessário, e aqueles de nós que passaram grande parte da vida trabalhando nos círculos da igreja sabem que o mesmo tipo de tentação está sempre presente na vida dos pastores, professores, teólogos e outros líderes sacerdotais, assim como em outras profissões, apenas com a diferença de que talvez em ambientes da igreja ela assuma uma forma ainda mais destrutiva pelo contraste de como *seria* tal liderança se fosse fiel ao seu chamado.

É claro que, como João continua pontuando, até a trama sombria de um cínico como Caifás foi mantida dentro do propósito maior de salvação de Deus. A morte que o sumo sacerdote planejou para Jesus — livrar-se dele para que a nação fosse salva como um todo — era uma paródia da morte para a qual o próprio Jesus acreditava ser chamado, considerada o clímax do cumprimento de sua vocação em suas próprias escrituras: a morte que não só resgataria a nação, como também reuniria num só povo os "filhos de Deus que estavam espalhados" (João 11:52). A diferença pode ser resumida em poucas palavras: a morte de Jesus foi o ponto máximo do amor generoso para o qual o Deus de Israel estava chamando seu verdadeiro Filho, ao passo que, para Caifás, era uma expressão de seu cinismo autoprotetor. O primeiro levou à liberdade, enquanto o segundo apenas intensificou a forma mais profunda de escravidão.

## NOSSA IDENTIDADE LIVRE EM CRISTO

Afinal, o que Jesus quer dizer quando fala de uma liberdade "verdadeira"? O que significa aqui "conhecer a verdade" e como isso gera ou mantém esse tipo diferente de liberdade?

No próximo capítulo, abordaremos a verdade, mas, por enquanto, podemos dizer o seguinte: no evangelho de João, a verdade — ou conhecer algo "verdadeiramente" — significa investigar profundamente, além da superfície, para ver as coisas da forma como Deus as vê. Na maioria das vezes, isso permanece oculto, mas Jesus está lançando luz sobre a verdade. E o que vem à tona não é apenas o diagnóstico do problema: a análise do pecado como uma forma de escravidão, mas também o sinal de que os ídolos estão sendo adorados e de que as pessoas estão em suas garras. Há inclusive o remédio. Os poderes serão derrotados, e, quando isso é feito, por meio da morte de Jesus, aqueles que foram mantidos em cativeiro por eles podem finalmente ser libertos.

Como será isso? Voltando a Nicodemos, isso significará um novo tipo de nascimento, uma forma nova e verdadeira de ser humano. O evangelho de João é sobre Gênesis e o novo Gênesis: o primeiro capítulo desse livro se concentra nos seres humanos que foram criados à imagem e semelhança de Deus. Além disso, o evangelho de João esclarece como o Verdadeiro Portador-da-Imagem, o próprio Jesus, permite que outros se tornem seres humanos genuínos. Essa é a resposta para os anseios desesperados, e muitas vezes torturantes, de tantos hoje em dia, nas partes do mundo que sofrem mais cruelmente com a pobreza, as doenças e a guerra, mas também onde se vive num luxo vazio a ponto de se esquecer do sentido da vida. A real identidade humana vem do Verdadeiro Humano: se o Filho libertá-lo, você será, verdadeiramente, livre.

Voltamos também para a mulher de Samaria, a qual foi escravizada por seu passado, por seu próprio pecado e pelos de muitos outros. Tantas camadas de más lembranças, de maus hábitos mentais e físicos! Toda vez que conseguia sair de uma situação destrutiva, era imediatamente atraída à outra para se prender. Essa é uma síndrome tão conhecida quanto o clima e tão ampla quanto o mundo, e Jesus está oferecendo uma saída, uma liberdade verdadeira, um começo genuinamente novo.

Para entendermos por que isso acontece e como é colocado em prática, deve-se ler a história até o fim. Desse modo, assim como Maria, Tomé e Pedro em João 20—21, é necessário responder corretamente a Jesus, que lidou com a tristeza, a dúvida e a negação do passado e, agora, recebe-o num novo mundo. E, à medida que respondemos, descobrimos — como dizia uma música antiga — que "liberdade" significa "o tempo em que fui amado". Há algo no amor — o amor de qualquer criatura – que cria um tipo de liberdade, um novo espaço, um mundo maior. Algo sobre o amor de Deus se tornar humano em Jesus e morrer na cruz traz uma nova criação e convida cada um de nós a habitá-la. Um novo mundo! Um mundo livre! Indivíduos livres dentro de um mundo livre!

Desse modo, as pessoas livres tornam-se agentes da liberdade no mundo em todos os níveis: conselheiros que ajudam os outros a se livrarem das algemas do passado e a viverem em liberdade genuína, diplomatas que confrontam governantes tiranos e ameaçadores com a notícia de que há uma forma melhor de administrar países ou sistemas, políticos que elaboram leis que libertam as pessoas comuns de agressores inteligentes, e assim por diante. Em tudo isso, voltamos novamente ao ponto teológico. O desejo de liberdade é um instinto dado por Deus e implantado em todos os portadores de sua imagem. O Deus que nos criou *quer que sejamos livres*.

É claro que em muitos sistemas — tragicamente, muitos desses sistemas e igrejas cristãs — essa mensagem foi totalmente esmagada sob uma pilha grande e pesada de regulamentos e expectativas. Muitos encontrarão a conexão de "liberdade" com "igreja" como mais uma das piadas doentias de Sartre, porém, não deve ser assim. A igreja, em seus melhores momentos — e tive o privilégio de vislumbrar alguns deles —, está comprometida com a liberdade em todos os níveis.

Isso mostra, mais uma vez, que o chamado da liberdade, embora pareça ser instável em tantos contextos, sempre foi um chamado genuíno do Deus criador. O instinto que faz com que até os tiranos afirmem que estão oferecendo "liberdade" a todos que os incentivam a se livrarem das camisas de força e encontrarem uma nova liberdade faz parte do aparato real dado por Deus para a vida humana. Isso continua sendo verdadeiro, por mais que abusemos dela, que aceitemos a promessa de liberdade e a transformemos em novas formas de escravidão. O indicador fragmentado ainda é um indicador.

Olhemos para a situação antecipando um pouco do que veremos nos dois últimos capítulos. Na noite em que Jesus foi traído, Pedro o seguiu até o pátio do sumo sacerdote. Ele era livre para não seguir seu mestre, mas o fez por lealdade, e, chegando lá, era livre para concordar com os espectadores que era um dos seguidores de Jesus e também era livre para negá-lo. Ele o negou, e, após usar sua "liberdade" dessa forma, *deixou de ser livre*. Foi destruído por seu erro, pela maneira vazia como mostrou sua vanglória orgulhosa algumas horas antes, tal qual Jesus o avisou que aconteceria. Contudo, após sua ressurreição, Jesus devolveu a Pedro sua liberdade ao perdoá-lo, dando-lhe seu amor e convidando-o a assumir o papel de pastor.

Ah! Mais uma coisa: a nova liberdade de Pedro o levaria a um ponto que seria o exato oposto da liberdade: o sofrimento e a morte. Ao que parece, o paradoxo da liberdade continua num novo modo; porém, a conversa termina com Jesus dizendo: "siga-me". O próprio Jesus foi o homem mais livre que já caminhou pela terra, e sua liberdade o levou à crucificação, porque, mais uma vez, a liberdade cresce do amor. Se você deseja saber o que realmente significa liberdade, pense no tempo em que foi amado, em que o Filho de Deus o amou e se entregou por você, em que ele amou tanto o mundo que deu seu único Filho.

# INTERLÚDIO: SOBRE LER JOÃO E OUVIR JESUS

Até aqui, alguns leitores podem se sentir sobrecarregados com tantos temas e ideias diferentes que estão reunidos tão rigorosamente no evangelho de João. Usei ideias específicas como pontos de partida, mas elas despertam todo tipo de eco e levantam ainda mais temas. Sempre existe o risco de que esse tipo de leitura intensa se torne um borrão e, principalmente, de que o personagem central, o próprio Jesus, pareça perder-se por trás de um amontoado de palavras. Entretanto, existem maneiras de garantir que isso não aconteça. Nesse momento, entre a liberdade e a verdade, desejo explorar uma delas.

Afirmei, anteriormente, que as conversas entre Jesus e diversas pessoas no evangelho de João — muito mais completas e abrangentes do que quaisquer conversas nos outros três evangelhos — dão-nos uma ideia forte de como Jesus era como homem, como amigo, como alguém com quem se podia conversar, mesmo que ele mudasse o rumo dessa conversa e respondesse à pergunta que *deveria* ter sido feita, em vez da que foi, de fato, feita. Disse ainda que a leitura dessas histórias nos incentiva a tratá-lo assim também na vida real. Jesus está vivo e é verdadeiro, e quando chama seus seguidores de "amigos" no momento retratado em João 15 e em outros, pretende claramente que esse círculo de amigos cresça a fim de nos incluir nele hoje.

Todavia, a sugestão de que poderíamos ter conversas com Jesus *bem parecidas* com as conversas no evangelho só nos leva a certo

INTERLÚDIO: SOBRE LER JOÃO E OUVIR JESUS

ponto. E se pudéssemos realmente fazer parte desses momentos supondo que tivéssemos oportunidade de participar deles?

Muitos leitores estarão familiarizados com essa ideia. Na verdade, alguns podem tê-la usado como uma maneira de ler os evangelhos antes de começarem a lê-los de qualquer outra forma. Ainda assim, vale repetir, pois outros podem não ter ouvido falar disso, e mesmo aqueles que o tiveram podem apreciar um lembrete.

O ponto é unir as orações e a leitura das escrituras de uma maneira nova. Quando você lê a Bíblia, deve-se abrir para o que Deus quer comunicar a você, contudo, isso requer que você tome a iniciativa. Precisa pedir ao Espírito de Deus que o guie. Se, digamos, você usar aquela história marcante de Jesus e Nicodemos, e, em oração, dizer a Jesus "Você se importa se eu participar?", Nicodemos pode surpreender-se, porém, se Jesus estiver feliz (e estará), Nicodemos não terá razões para reclamar.

Dessa forma, você entra na conversa, e esse é o ponto em que a linha entre oração e imaginação se reduz a um ponto de fuga. (Sim! Reconheço que a imaginação pode dominá-lo e levá-lo à mera fantasia. Esse é sempre um perigo. Contudo, ela também é um presente de Deus para ser usada ao orar.) Ouça respeitosamente Nicodemos fazer a Jesus sua primeira pergunta, e Jesus responder-lhe algo diferente. Isso acontece bastante com ele, mas você aprende a lidar com isso. Jesus chega ao cerne: nascer lá do alto é o que conta no reino de Deus. Nicodemos possui perguntas óbvias: como um idoso pode nascer novamente? Jesus responde falando sobre água e Espírito. Mais questionamentos, mais respostas! Por isso, antes que se torne ainda mais complicado, os dois dão uma pausa para respirar. Agora é sua vez. O que você tinha em seu coração e em sua mente ao ouvir o que foi dito até o momento?

Você pode dizer: "Espere um momento! Explique novamente a questão da água e do Espírito". Ou também: "Pensei ter 'nascido de novo' quando fiz uma oração especial há muitos anos, mas agora não sei onde estou". Ou provavelmente queira perguntar: "Jesus, o que exatamente quer dizer quando fala sobre o 'filho do homem' que veio do céu?" Se fizer esses questionamentos com seriedade e em oração, não há como saber que respostas pode receber.

Contudo, não há razão para se limitar aos assuntos que Nicodemos e Jesus estavam abordando. Nicodemos veio até Jesus à noite, provavelmente porque não queria ser visto. O que pode haver na sua vida — e na de Jesus! — para que *você* deseje aproximar-se dele secretamente, sem que ninguém saiba? O que realmente gostaria de perguntar-lhe? Jesus não é exigente quanto à hora do dia: venha no escuro, se é isso de que precisa.

Ou tome parte em duas outras cenas. Em João 2, Jesus, sua mãe e seus amigos vão a um casamento, e o vinho acabou. Maria conta-lhe o que aconteceu, e ele imediatamente entende que ela está sugerindo que faça algo. Coloque-se nessa parte da cena, mas, em vez de pensar na falta do vinho naquela cerimônia, concentre-se nas dificuldades pelas quais um casal que você conhece está passando no casamento. Concentre-se, talvez, até nos problemas que você está atravessando em *seu matrimônio*. Se, por qualquer motivo, houver um desastre, conte a Jesus. Leve o assunto claramente ao conhecimento dele. Dê um passo à frente, como Maria obviamente fez, e confronte-o com o que está acontecendo.

Permaneça em cena e veja o que ele faz. Pode ser algo totalmente inesperado, como quando pediu aos ajudantes que enchessem os potes grandes com água e os trouxessem para a festa. Jesus tem suas próprias formas de lidar com questões práticas, bem como com questões teológicas. O importante é que alguém — nesse caso, você — diga-lhe o que aconteceu, qual é o problema, e se lembre de responder à ordem de Maria: "Façam o que ele pedir." (João 2:5b).

Outra história íntima e comovente é a cena da lavagem dos pés narrada em João 13. Leia a narrativa até conhecê-la bem. Sinta o espanto na sala quando Jesus se levanta da mesa e começa a fazer o que normalmente um servo faria. Ouça Pedro protestando para

INTERLÚDIO: SOBRE LER JOÃO E OUVIR JESUS

que Jesus não agisse daquela forma e depois mudando de tom, quando Jesus responde, no versículo 9, que é essencial proceder a seu modo ("Então, Mestre, não lave só meus pés, mas também minhas mãos e minha cabeça!").

O que dirá quando ele se aproximar de você, tirar gentilmente suas sandálias e começar a lavar seus pés? Que outras partes suas precisam ser lavadas? Conte a ele e espere sua resposta. Que mágoas profundas, medos, pecados antigos e esperanças fracassadas sua simples ação trará à tona? Explique-lhe tudo enquanto ele limpa seus pés com a toalha e aguarde enquanto ele também seca suas lágrimas.

# VERDADE

Dois amigos meus escreveram um livro alguns anos atrás com um título desafiador: *Truth is Stranger Than it Used to Be*[1] [A verdade é mais estranha do parecia ser antes]. Brian Walsh e Richard Middleton lutaram durante anos com o desafio da pós-modernidade e viram como os alunos com quem trabalhavam enfrentaram o que meus amigos descrevem como o "caráter socialmente construído da realidade". O que queriam dizer é que as grandes histórias que nos foram contadas pareciam agora um amontoado de mentiras egoístas, incluindo toda a narrativa de como os avanços científicos dos séculos 18 e 19 mostravam que o mundo ocidental liderava atualmente a civilização humana, e tudo o que o resto precisava de fazer era atualizar-se. Nós, o ocidente, ficamos lisonjeados por sermos os "mocinhos", mas, ao olharmos ao redor do mundo, vimos os resultados devastadores de nossos esforços para "ajudar" o restante do mundo a entender o objetivo.

Então, a grande história é uma mentira? A verdade ainda existe? Chegamos ao ponto de as pessoas poderosas "fazerem sua própria verdade" e todos terem de concordar com isso?

---

[1] MIDDLETON RICHARD J.; WALSH BRIAN J. *Truth is Stranger Than it Used to Be: Biblical Faith in a Postmodern Age.* Downers Grove: IVP Academic, 1995.

Observe-se o caso de uma testemunha no tribunal. Na Grã-Bretanha, até os dias atuais elas precisam fazer um juramento solene de que dirão "a verdade, toda a verdade e nada além da verdade", mas todo juiz e todo membro sábio do júri perceberão que esse é um ideal inalcançável. Sabemos o que significa: a testemunha não deve tentar enganar, acrescentando detalhes, omitindo fatos importantes ou distorcendo o que é descrito.

Porém, é obviamente impossível dizer "a verdade completa" no sentido de *tudo o que aconteceu naquele dia*. Você permaneceria ali por semanas descrevendo cada suspiro, cada carro que passou, cada mosca que zumbiu perto do seu nariz, e, se tentasse fazer isso, as coisas que realmente importam se perderiam num grande borrão de detalhes irrelevantes. A expressão "toda a verdade" só pode significar realmente "toda a verdade *relevante*".

Ainda assim, quando dizemos isso, enfrentamos o seguinte questionamento: quem decide o que é relevante? Muitas vezes, os principais acontecimentos surgem apenas depois de um longo interrogatório, já que o advogado sonda a memória, e a testemunha finalmente cita algo que não parecia importante, mas que agora se torna crucial.

Portanto, esse é o problema: toda verdade é "a verdade de alguém", e tudo depende de quem está contando a história e de qual ângulo. Todavia, isso significa que, afinal de contas, não existe verdade? Não, é claro que não. *Aquele* homem estava realmente dirigindo *aquele* carro quando desviou e atropelou o pedestre. O fato de uma das testemunhas, com a memória abalada e assustada pelo horror de toda a situação, mal ter-se lembrado da cor do carro não quer dizer que nada tenha acontecido. Isso não significa que jamais descobriremos quem dirigia o carro; na verdade, isso mostra apenas que a memória e a percepção humanas são mais complicadas do que havíamos imaginado.

É assim que a verdade se une aos outros temas — justiça, amor, espiritualidade, beleza e liberdade. *Sabemos que a verdade importa, mas descobrimos que não é tão fácil encontrá-la ou conhecê-la como pensávamos.* É um indicador fragmentado. Desejamos a verdade — precisamos dela —, porém, sua perfeição está sempre além do nosso alcance.

Ironicamente, as últimas décadas viram um grande aumento na demanda pela "verdade" na forma de papelada a ser preenchida. Viajo bastante a trabalho e percebi como nos últimos anos tive de preencher cada vez mais formulários oficiais, enviar fotos minhas de vez em quando e, agora, tirar minhas impressões digitais — em um procedimento recente e demorado — em algumas passagens de fronteira. Seria possível argumentar que essa é uma reação *modernista* a um problema *pós-moderno*, que joga um cobertor sufocante de suspeita sobre tudo e todos, e, por isso, respondemos com burocracia pesada e complexa. Afinal de contas, quem sabe você pode ser um terrorista; então, é melhor tirarmos suas impressões digitais.

Alguém poderia esboçar toda uma teoria sobre os problemas de ser humano com base no nosso desejo pela verdade e na nossa falta de capacidade de consegui-la. Exigimos, cada vez mais, a verdade em forma de "fatos", de formulários oficiais preenchidos no arquivo, no entanto, exige-se mais a verdade tão logo os indivíduos selecionem e organizem tais "fatos" para se ajustarem ao perfil que querem criar: o perfil dos acontecimentos, do mundo e, particularmente, o de si mesmos. Uma vez, conversei com um homem que havia se candidatado a um emprego específico, e ele me contou detalhadamente que lhe ofereceram o cargo, mas que o recusou porque não gostou muito dos novos colegas que teria. O que ele não sabia — e eu não lhe contei — era que eu conhecia alguns desses colegas em questão e tinha ouvido o outro lado da história.

Esse é o problema: muitas histórias têm mais de um lado, até mais de dois. Possuem tantos "lados" quanto pares de olhos observando, mentes raciocinando e línguas falando. Quando morei alguns meses no Oriente Médio, em 1989, mantive meus olhos e ouvidos abertos e fiz o possível para entender as complexidades da situação política. Todos eram mais ou menos convincentes e, ainda assim, cada relato que ouvi era mais incompatível com os demais. Mas como isso acontece? O que devemos fazer sobre isso?

João afirma em sua primeira carta: "enganamo-nos a nós mesmos, e a verdade não está em nós" (1João 1:8). No entanto, sabemos que somos chamados a ser criaturas que contam a verdade. É claro que desejamos que todos sejam verdadeiros e nos aborrecemos quando não o fazem, principalmente os políticos e empresários que manipulam a contabilidade para obter lucro enquanto as pessoas a quem deveriam estar servindo paga a conta.

E, ainda assim, enganamos a nós mesmos com muita facilidade, inclusive mentindo sobre contar mentiras ("não foi realmente uma mentira"). Nossas lembranças tão seletivas escolhem e destacam o pequeno número de fatos entre os milhões disponíveis para sustentar a imagem que temos de nós, de nossas vidas e de nosso comportamento. É claro que isso pode seguir uma rota diferente. Quem tem tendência à depressão ou a sensações de culpa só pode se lembrar dos "fatos" que alimentam seu sentimento de desespero e vergonha. A verdade em si parece tão distante quanto a estrela mais afastada, entretanto, ainda olhamos para ela maravilhados, pois tem certa beleza — pelo menos parece ter.

No entanto, o evangelho cristão oferece uma abordagem mais profunda da verdade do que o mundo é capaz de oferecer. Em um mundo que sugere que a verdade em si é uma ilusão — e ela parece ser um indicador fragmentado, fazendo-nos correr em círculos autodestrutivos —, os seguidores de Jesus precisam responder que declarar a ausência da verdade é uma mentira. Ela existe, mesmo que às vezes seja mais indefinida e estranha do que imaginamos. Além disso, é essa verdade que nos deixará livres para viver como novas criações e para nos tornarmos seus reais defensores.

## "A VERDADE!", DISSE PILATOS. "O QUE É ISSO?"

O evangelho de João concentra-se em pontos fundamentais sobre a questão da verdade. Ele afirma em tom enigmático: "a Lei foi dada por intermédio de Moisés", diz João de maneira crítica bem perto do final do prólogo; "a graça e a verdade vieram por intermédio de Jesus, o Messias" (João 1:17). Esta é uma combinação interessante: "graça e verdade". Talvez João esteja sugerindo que a verdade realmente existe, mas que a graça é necessária não só para revelá-la, mas também para que ela *aconteça em primeiro lugar.* Há uma realidade para a qual toda a ordem criada está inclinada, no entanto, até a vinda do Messias Jesus, ela permanece fora de alcance, ainda que Moisés e os outros apontem para ela.

Esse é um ponto radical, pois, ao longo do evangelho de João, vemos Jesus interagindo com vários indivíduos cujas palavras ou ações desafiam a ideia da existência da verdade. Isso atinge claramente seu clímax quando Jesus é levado diante do governador romano sob a acusação de sedição. De certa maneira, a acusação é verdadeira: se o mundo atual é tudo o que há, qualquer um que afirmar que existe um mundo novo e que está entrando no mundo atual, trazendo vida e esperança em vez de morte e desespero, é um tolo perigoso levando o povo a se desviar. É muito melhor permanecer na estrutura de poder que se conhece. "Não temos rei a não ser César!" (João 19:15). César pode matá-lo, mas, acautele-se, você sabe onde está. (E os principais sacerdotes, que fizeram essa declaração extraordinária, sabiam que César os mantinha no poder.)

Todavia, Jesus, no auge do evangelho, fala da criação e da nova criação:

> "Então, você é um rei, não é mesmo?", indagou Pilatos. "Você é quem diz", responde Jesus.
> "Nasci para isto; vim ao mundo para isto: dar testemunho da verdade. Todos que pertencem à verdade ouvem minha voz." "A verdade!", disse Pilatos. "O que é isso?" (João 18:37,38).

Essa troca é impulsionada pelo fato de Jesus declarar que seu reino "não é do tipo que vem daqui", e sim de um tipo diferente.

É um reino que desafia o reino de César, o qual Pilatos obviamente representa num nível muito mais importante do que qualquer rebelião armada jamais poderia. O reino de César é sustentado basicamente pela morte, seja ameaçada ou real, ou em outras palavras, pela negação da bondade da criação.

Essa situação é o que as pessoas querem dizer quando afirmam que os impérios "fazem sua própria verdade". É o que Pilatos quis dizer quando, com sua pergunta cínica, antecipou o protesto pós-moderno de hoje ("não existe verdade absoluta") ou a resposta equivalente dada por aqueles que estão no poder ("Verdade? São apenas *fake news*!"). Tudo o que não se encaixa nos planos pode ser descartado. Lembro-me da ocasião em que Vladimir Putin foi à televisão — quando as tropas russas assumiram o controle da Crimeia e a Ucrânia ficou impotente para resistir — para dizer que os soldados em questão eram milícias locais que haviam comprado uniformes militares russos em lojas de roupas usadas.

Outra conversa famosa que nos ajuda a identificar o que o cristianismo diz sobre a verdade fez com que muitos em nosso mundo balançassem a cabeça perante sua aparente arrogância. Tomé, sempre intrigado com as palavras de Jesus, pergunta-lhe para onde está indo e como podem saber o caminho. "'Eu sou o caminho', respondeu Jesus, 'a verdade e a vida!'" (João 14:6). Alguns leem essa afirmação como uma forma judaica de dizer "eu sou o caminho verdadeiro e vivo", e isso pode estar correto, contudo, a ênfase parece ser dada igualmente aos três substantivos: "caminho", "verdade" e "vida".

Essa declaração extraordinária não pode ser ouvida dentro da câmara de som do nosso mundo moderno, onde a "verdade" é a declaração arrogante dos poderosos. A verdade aqui é estranha, gentil, mas também poderosa e relacionada à nova criação, que completa a antiga ao assumir a vergonha e a morte da anterior e ao superá-la. A verdade é a realidade do amor divino de Jesus, o amor feito carne.

Essa não é uma declaração a ser medida ao lado de outras, como se Jesus e meia dúzia de outros mestres ou líderes estivessem sendo avaliados com base em algum padrão arbitrário e moderno da "religião". Ou Israel é o povo do Deus criador ou não é; ou Jesus é o Messias de Israel ou não é. O Deus criador trouxe sua nova criação em e por meio de Jesus, como o Messias de Israel, ou não o fez. O evangelho de João foi escrito para confirmar todas as três assertivas: Israel é o povo de Deus, Jesus é o Messias de Israel e, por meio dele, Deus colocou em ação sua nova criação. E não é surpresa que o evangelho de João é onde Jesus repete constantemente a palavra "verdadeiramente". Nas traduções mais antigas, aparece como "em verdade, em verdade vos digo", e, embora tenha traduzido como "digo-lhes a verdade solene" (por exemplo, 14:12), a ênfase é a mesma.

O que vimos nas conversas de Jesus com Pilatos e Tomé é que a verdade, como o evangelho a define, é uma realidade única, envolvida de alguma forma na pessoa de Jesus. É a verdade de um tipo totalmente diferente de reino. Uma peça final do quebra-cabeça fica mais clara na conversa de Jesus com a mulher samaritana. Ela lhe pede a "água viva" de que ele está falando (4:15), e ele lhe pede para chamar o marido e voltar. Ela responde rapidamente (o que está pensando? O que João quer que pensemos que ela está pensando?): "não tenho marido". (Talvez esse estranho misterioso possa estar interessado?) Jesus desmantela a meia verdade ou a meia mentira: "Você está me dizendo que não tem marido", disse Jesus. "O fato é que você já teve cinco; e o homem com quem vive agora não é seu marido. O que você está dizendo é verdade." (João 4:17,18).

A ironia é óbvia: ela estava contando uma meia verdade com a intenção de enganar, mas, por dentro, havia realmente uma verdade, mesmo que fosse uma que ela não quisesse que Jesus soubesse. Em vez disso, ele a desafia a encarar um tipo diferente de verdade, aquela que nasce da adoração ao Deus verdadeiro:

INDICADORES *fragmentados*

> No entanto, está chegando a hora, e de fato já chegou, em que os verdadeiros adoradores adorarão o pai em espírito e em verdade. Sim, são esses os adoradores que o pai procura. Deus é espírito, e é necessário que seus adoradores o adorem em espírito e em verdade (João 4:23,24).

Mas como a verdade se relaciona com a adoração? O que está acontecendo? Como *esse* novo tipo — a verdade de Deus, da adoração genuína — redefine o ponteiro para toda a verdade que achamos tão intrigante? Quando discutimos a espiritualidade, vimos que, para essa mulher samaritana, o culto estava ligado por gerações a um lugar específico, enquanto Jesus a chamava para aceitar algo novo: receber a água viva que somente ele poderia oferecer e que não estava relacionada à geografia sagrada particular. Um novo tipo de verdade está nascendo no mundo e será necessário um novo tipo de sabedoria para discerni-la e segui-la. E isso acabará levando ao confronto.

## CONFRONTANDO O PAI DAS MENTIRAS

A promessa de Jesus com respeito à verdade nos tira da esfera totalmente particular e nos conduz ao mundo perigoso da verdade pública, das suas reivindicações e da violência que está próxima quando tais exigências da verdade colidem. Isso nos leva de volta a João 8, a passagem que citamos anteriormente em conexão com a liberdade. Ao que parece, a liberdade e a verdade andam juntas: "Se vocês permanecerem firmes em minha palavra", disse Jesus, "serão realmente meus discípulos e conhecerão a verdade, e a verdade os libertará" (João 8:31,32).

Como já vimos, isso produz uma reação cheia de rancor. Porém, Jesus continua defendendo seu argumento. Ele disse a verdade, e eles estão contando mentiras; isso só pode significar uma coisa: que sua recusa em acreditar nele deve vir de um lugar sombrio, a fonte de todas as mentiras. Nossos hábitos mentais sólidos nos levarão a suspeitar de tais sugestões. Eles parecem só servir a si mesmos. A ideia de "demonizar" nossos oponentes nos causa calafrios, mas vamos supor que o que Jesus diz sobre verdade e mentira seja realmente real?

> Por que vocês não entendem o que digo? Só pode ser porque são incapazes de ouvir minhas palavras. Vocês pertencem ao pai de vocês — o diabo!
> E querem realizar o desejo dele. Desde o princípio, ele é um homicida e nunca permaneceu na verdade, pois não há verdade nele. A mentira é algo natural para ele porque é mentiroso; ele é o pai das mentiras! Contudo, eu falo a verdade, e vocês não acreditam em mim. Qual de vocês pode me acusar de pecado? Se eu falo a verdade, por que vocês não creem em mim? Aquele que é de Deus fala as palavras de Deus. Por isso vocês não me escutam, porque vocês não são de Deus. (João 8:43-47).

Talvez esse seja o ponto mais sombrio do evangelho de João. Dentre nós, aqueles que jamais sonhariam em dizer algo assim a alguém, que preferem "pensar o melhor dos indivíduos" e que estão cientes da ambiguidade profunda de toda a vida humana, incluindo a nossa, podem muito bem pensar que isso é extremamente exagerado. Ao ouvirmos pela primeira vez, parece um discurso fundamentalista, pois, aos nossos olhos, isso não fica bem entre "Deus amou tanto o mundo" no capítulo 3 e "Eu sou o bom pastor" no capítulo 10. (E se alguém disser que João 8 é sua parte favorita da Bíblia, acredito que começaríamos a nos preocupar com seu estado de espírito e coração.) Porém, parte da humildade cristã é deixar de lado reações instantâneas aos trechos das escrituras que possam parecer estranhos e até alienantes, e prestar atenção no que realmente está acontecendo.

O drama do evangelho de João, como vimos, traz a grande história de Deus e do mundo para o foco estreito da narrativa de Jesus e Israel. Encontra-se lá no prólogo. Primeiro: "Ele estava no mundo, e o mundo foi feito por intermédio dele, mas o mundo não o conhecia", e então, mudando para o drama específico deste livro, "... veio para o que era seu, e os seus não o receberam" (1:10-11). Isso é moldado, digamos assim, pela luz brilhante que vem de trás: "a luz brilha nas trevas, e as trevas não a derrotaram" (1:5). Afinal de contas, o mal existe, e o instinto de não dar o nome adequado é uma das táticas que o próprio mal usa para camuflar seus propósitos mortais sob o nariz daqueles que, por não estarem nas garras do mal, não estão dispostos a enfrentá-lo por temerem parecer arrogantes por causar muito tumulto.

Porém, o mundo das mentiras é o mundo da morte e, mais cedo ou mais tarde, temos de enfrentá-lo. *A própria morte mente sobre Deus e Jesus*. O mundo bom, que o Pai criou pela ação da Palavra, é realmente bom, e a corrupção, a decadência e a morte que o infectam e declaram que tudo isso é lixo enganoso são, eles próprios, o lixo em questão. Deus responde: *não, esse é o meu mundo, que amo e estou resgatando*. A morte ri da face de Deus; Jesus chora na face da morte. E, no dia da Páscoa, as lágrimas de Maria se transformam em alegria porque a própria verdade renasce, a verdade de que esse *é*, definitivamente, o mundo do Criador e que esse resgate *já ocorreu* e que a renovação do mundo *está em curso*.

À luz dessa história maior, vale dizer que a verdade confrontará mentiras e as envergonhará. Só assim seremos libertos das garras da mentira. Mas como? Os maiores crimes do século 20 — o massacre turco dos armênios, o massacre nazista de judeus e o genocídio cambojano contra seus oponentes políticos e qualquer um que estivesse no caminho — aconteceram somente porque quem sabia sobre eles não se manifestou. Muitos políticos descobriram que as pessoas perceberão e enfrentarão uma mentira pequena, no entanto, se você contar uma grande (pense em Hitler dizendo aos alemães que Winston Churchill planejava dominar o mundo), elas não identificam ou concluem que, de alguma forma, aquela é a verdade, apesar das aparências.

Então, quando os oponentes de Jesus o confrontam, ele também os confronta. (A resposta deles, assim como em outras vezes, é acusá-lo de estar possuído por demônios.) A verdade que ele está contando simplesmente não se encaixa nos moldes de seus adversários de como o mundo funciona. Estão furiosamente apoiando o mundo da maneira que o veem.

O sinal de que seus planos são impulsionados pelo poder sombrio da anticriação é que eles também querem usar a violência. O capítulo começa com a ameaça de apedrejamento da mulher adúltera e termina com a tentativa de apedrejamento de Jesus (João 8:59). Isso tudo faz parte da construção do clímax do evangelho, quando, mais uma vez, a questão da verdade e da falsidade fica ao lado da questão da vida e da morte. Aos poucos, o ponto vai surgindo. *O motivo pelo qual a verdade é um paradoxo no tempo presente é que a verdade máxima é a nova criação, que completa a presente criação abolindo a morte, que a corrompeu.* Não é de se admirar que as forças das trevas, da anticriação, as forças diabólicas e acusadoras berrem, rosnem e joguem pedras.

# A NOVA VERDADE DO AMOR

Dessa maneira, qual pode ser o significado do fato de o reino de Jesus vir de algum outro lugar e, ao mesmo tempo, ser caracterizado por um nível de verdade muito mais profundo do que as mentiras e zombarias do mundo?

O novo mundo que surge sendo obra de Jesus e que chegará de forma totalmente nova por meio de sua morte e ressurreição é a verdadeira nova criação que a primeira criação desejava o tempo todo. As propostas de Jesus para que o reino de Deus viesse "assim na terra como no céu" não se referiam a uma contracultura peculiar e bizarra que pudesse atrair por ser novidade, mas que não se misturaria com as grandes esperanças e aspirações — o desejo por justiça, amor, espiritualidade, beleza e liberdade — dos corações e das mentes humanos comuns. Na verdade, estavam relacionadas à criação genuína, finalmente livre da corrupção, da decadência e da morte, que satisfaria esses anseios. Era sobre o cumprimento dos maiores propósitos do Criador. A verdade que encontramos neste mundo é apenas um indicador fragmentado. Pilatos e os principais sacerdotes a descartaram. Não confiamos mais nela. Contudo, o desejo pela verdade e nossas tentativas tímidas de buscá-la acabam sendo, em retrospecto, indicadores genuínos da realidade.

Porém, o fato de o reino vir de algum outro lugar — do próprio Deus, obviamente — em vez de ser criado dentro do mundo atual, aborda poderosamente o que essa verdade realmente é e como ela nasce. Ao longo de seu evangelho, João nos conta que o Criador, o Deus de Abraão, de quem Jesus testemunha e quem ele invoca em algum sentido estranho e até mesmo o incorpora, é o Deus do *amor*. A própria criação foi feita por meio do amor e será refeita pelo amor. É o amor que lava os pés dos discípulos e também é ele que os convida a compartilhar a intimidade da relação que existe entre o Pai e o Filho. É ele que vai para a cruz.

E é por isso que a "verdade" de Pilatos — a verdade do império, que sai da bainha de uma espada (ou, melhor, do cano de uma arma) — só pode ser a meia-verdade, a qual, quando transformada em uma verdade completa, torna-se uma mentira. Sim, é assim que o mundo está hoje em dia; *no entanto, não é assim que deveria ser e não é como será*.

Se você conspirar com a verdade de Pilatos, estará se tornando parte do "povo da mentira", que lida com a morte, como Jesus acusa em João 8:39-47. Isso nos leva ao mistério mais profundo de todos, que está perto do coração do que os teólogos chamam vagamente "expiação".

A longa discussão entre Jesus e Pilatos parece terminar na vitória de Pilatos. Ele tem o poder de crucificar Jesus, e este reconhece isso (19:11). Ele exerce esse poder e tenta remover os sinais da verdade, como fazem sempre os mentirosos, nesse caso, remover quem conta a verdade desconfortável. Porém, como a verdade máxima é o amor generoso que fez o mundo e vai refazê-lo, Pilatos destrói sua própria mentira.

A escuridão passa dos limites, e o poder da morte é atraído para o lugar onde ela será derrotada. Como Paulo afirma em 1Coríntios 2:8, se os governantes do mundo tivessem percebido o que estavam fazendo, jamais teriam crucificado o Senhor da Glória, visto que, ao fazê-lo, assinaram sua própria sentença de morte. O poeta John Donne declarou o seguinte: "a morte não existirá mais. Morte, tu morrerás".

Essa é a verdade que o evangelho de João declara no confronto entre o porta-voz de César e o de Deus. Para que a nova criação da verdade e do amor nasça, a corrupção máxima que infectou a criação atual deve fazer o seu pior e, dessa forma, esgotar-se. A maneira que João conta toda a história de Jesus indica que é assim que ele está lendo a grande narrativa bíblica da criação e de Israel, de Israel e do messias vindouro. O que o Messias alcança é a verdade autêntica, a verdade criacional e nova-criacional.

## OS SEGUIDORES DE JESUS QUE DIZEM A VERDADE

Logo, os seguidores de Jesus serão comissionados para serem criaturas da verdade. Isso lhes custará muito caro, assim como foi para ele, mas serão direcionados a essa vocação pelo próprio Espírito, agora designado, precisamente, como "o espírito da verdade":

> "Se vocês me amam", prosseguiu ele, "obedecerão aos meus mandamentos. E eu pedirei ao pai, e ele lhes dará outro amparador, para estar com vocês para sempre. Esse outro amparador é o espírito da verdade. O mundo não pode recebê-lo porque não o vê nem o conhece. Mas vocês o conhecem, porque ele vive com vocês e ele estará em vocês." (João 14:15-17).

Esse novo espírito, o espírito de Jesus, virá e permitirá que digam a verdade, principalmente para contarem ao mundo sobre o próprio Jesus, a verdade que não se encaixa no mundo antigo, porém, que faz sentido máximo, radical e renovador desse mundo: "Quando vier o amparador — que eu enviarei a vocês da parte do pai, o espírito da verdade que provém do pai —, ele dará testemunho de mim. E vocês também darão testemunho, pois estiveram comigo desde o início." (João 15:26,27).

Em outras palavras, *a própria verdade nascerá quando os seguidores de Jesus pronunciarem as palavras que trazem a nova criação à existência.* Essa é a nova e emocionante vocação que dá sentido aos nossos quebra-cabeças relacionados à verdade na filosofia e na cultura. A verdade da nova criação, que flui para fora da verdade de Jesus, seu reino, sua morte e sua ressurreição, faz o seu caminho acontecer nada menos que por meio da revelação da verdade dos seguidores de Jesus. Ela não pode entrar em colapso com o racionalismo ou o modernismo de algumas expressões cristãs da "verdade", as tentativas frágeis de "provar" o evangelho por meio de argumentos que (aparentemente) somente um tolo negaria. O que Jesus está falando incluirá sua própria história, é claro, mas essa narrativa será a explicação interna para o objetivo maior de *viver* a verdade, trazendo a cura e a esperança da nova criação em todas as direções.

Como deveríamos ter deduzido pelo comissionamento em João 20:19-23, isso significa que o Espírito permitirá que os seguidores de Jesus sejam para o mundo o que Jesus foi para Israel.

E isso, por sua vez, significa que, longe de deixar para trás a história de quem exatamente ele era e o que fez em sua carreira pública, isso deve permanecer no centro. No coração da verdade da igreja está a verdadeira narração da história de Jesus, e o Espírito ajudará a igreja a continuar contando essa história de forma correta:

> "Ainda tenho muito a lhes dizer", continuou Jesus, "mas vocês ainda não são fortes o bastante para ouvir essas coisas. Quando o espírito da verdade vier, contudo, ele os guiará a toda a verdade. Ele não falará por si mesmo, mas transmitirá a vocês tudo que ouvir. Ele anunciará a vocês o que está por vir. Ele me glorificará porque receberá o que é meu e anunciará isso a vocês. Tudo que pertence ao pai é meu. Por isso eu disse que ele receberá o que é meu e anunciará isso a vocês." (João 16:12-15).

E isso está de acordo com a oração que Jesus faz na conclusão dos discursos:

> Não peço que os tires do mundo, mas que os protejas do maligno. Eles não são do mundo, como eu também não sou. Faze-os santos na verdade; tua palavra é a verdade. Da mesma forma que tu me enviaste ao mundo, também eu os enviei ao mundo. E, por causa deles, eu me santifico para ti, para que eles também sejam santificados pela verdade (João 17:15-19).

*Faze-os santos na verdade; tua palavra é a verdade..* A palavra para "santificar" é a mesma usada para "glorificar". Aqui, os seguidores de Jesus estão sendo guardados para o uso especial de Deus, como os vasos no Tabernáculo. Na oração do Sumo Sacerdócio de João 17, Jesus está ali, na presença íntima do Pai, incorporando a verdade da nova criação, para a qual o Tabernáculo e o Templo sempre apontaram, e orando para que essa verdade, essa nova realidade, revista seus seguidores, para que sejam lavados nela, formados por ela e capazes de vivê-la, respirá-la e pregá-la ao mundo para o qual são enviados.

Aqui encontramos uma solução poderosa para nosso problema inicial: a questão do paradoxo da verdade no mundo de hoje. O conceito da verdade em si e a forma como ela desliza por nossos dedos, exatamente quando mais a desejamos, pode-nos conduzir ao desespero, levando, certamente, muitos hoje a formas de cinismo. Na realidade, a busca humana pela verdade é um indicador fragmentado e desgastado: você poderia ser perdoado por supor, com Pilatos, que tudo o que ela merece é um cínico dar de ombros.

Contudo, embora Pilatos jamais conseguisse entendê-la, a verdade estava diante dele: a verdade da criação resgatada e renovada, transformada em carne, que amava ao máximo os seus que estavam no mundo, que guiava o caminho para longe da morte em direção ao outro lado, para o novo mundo de Deus, dando a seus seguidores o espírito da verdade, a fim de que pudessem vir após Jesus e falar a verdade criativa que trará à existência esse mundo. Parte do desafio de seguir a Jesus é aprender a arte difícil, perigosa, porém bela de falar uma palavra nova de cura ao mundo que, muitas vezes, ainda parece ser governado pelos agentes de César.

# INTERLÚDIO: ENTÃO, QUEM É JESUS?

O evangelho de João é famoso pelas frases "eu sou" de Jesus. Acabamos de citar uma: "eu sou o caminho, a verdade e a vida!" (14:6). As outras pertencem a diversos contextos: "eu sou o pão da vida" (6:35,48), "eu sou a luz do mundo" (8:12; 9:5), "eu sou o bom pastor" (10:11,14), "eu sou a ressurreição e a vida" (11:25), "eu sou a vinha verdadeira" (15:1). Muitos consideram o "eu sou" um eco intencional do nome divino, como em Êxodo 3:14 ("EU SOU O QUE SOU", encurtado depois para simplesmente "EU SOU").

João parece fazer essa conexão direta; em duas cenas diferentes, Jesus se refere a si mesmo apenas como "Eu sou". É sempre ambíguo no grego, já que nesse idioma a palavra *"egō eimi"* também é um modo natural de dizer "sou eu" ou "esse sou eu". Encontramos essa ambiguidade quando Jesus está andando sobre as águas, e os discípulos ficam assustados (6:19-20), e interpretamos corretamente o que Jesus diz como: "sou eu!" Ainda assim, João, igualmente correto, sugere que esse é o Deus de Israel em pessoa caminhando sobre as ondas tempestuosas.

Deparamo-nos com isso de novo no Jardim do Getsêmani, quando Jesus, completamente vulnerável diante de tantos soldados e guardas que se aproximam, pergunta-lhes quem estão procurando. Quando respondem "Jesus de Nazaré", ele simplesmente diz: "Eu sou ele" (18:5,6). Na primeira vez que se expressa dessa maneira, os soldados recuam e caem por terra. João parece bastante ponderado ao sugerir que a presença de Jesus no jardim sombrio deve ser entendida como a Presença divina estranha prevista nas escrituras de Israel.

Enfim, o que concluímos com base nesses dois exemplos? Por muitos anos, esses textos foram interpretados como se significassem que Jesus estava supostamente "declarando ser Deus". À luz da famosa abertura do evangelho ("no princípio era a Palavra [...] e era Deus"), isso parece naturalmente fazer sentido. Contudo, essa ideia de "declarar ser Deus" foi muitas vezes incluída nas discussões do pensamento ocidental moderno, em que "Deus" era cada vez mais um deus filósofo, talvez um deus deísta, um ser distante e ausente. Durante os últimos séculos, muitos filósofos e teólogos deduziram que, para expor ou valorizar a fé cristã, tinham o dever de "provar" a existência de Deus — de uma maneira ou de outra — e, então, incluir Jesus nessa imagem. O evangelho de João parecia dar-lhes as ferramentas para a última tarefa, pois ali Jesus estava "declarando ser Deus".

Porém, o próprio João indica que essa é a forma errada de lidar com as coisas. Começar com Deus e esperar que Jesus se encaixe no quadro é colocar a carroça na frente dos bois. Ele insiste: "Ninguém jamais viu Deus. O Deus Unigênito, que está bem perto do pai — ele o trouxe à luz" (João 1:18). Essa é uma afirmação extraordinária. Ele declara que não sabemos antecipadamente quem é o verdadeiro Deus. Não podemos "corrigir" Deus e, então, esperar que Jesus se encaixe no modelo que construímos. Jamais funcionará dessa forma, portanto, devemos sempre começar com Jesus e permitir que ele faça o que fez com tudo o que tocou e em todas as conversas que teve: reorganizar o discurso, reordenar o mundo e, nesse caso, recriar o próprio conceito de Deus em torno de seu fascinante senso de vocação.

Não há dúvida de que João *quer* dizer, em certo sentido, que Jesus é Deus. No primeiro versículo, lemos de modo bastante explícito "a Palavra era Deus". Não se deixe enganar por aqueles que afirmam que, no grego, encontramos: "a Palavra era *um* deus". Não existe *um* no grego, pois não é assim que esse idioma funciona. O grego costuma ter o artigo definido (nosso "o") para o *sujeito* de uma frase que envolve o verbo "ser" e, da mesma forma, omite-o, como *complemento*, naquilo que está sendo dito sobre o assunto. Se traduzíssemos a frase "Elizabeth é a rainha" para o grego, o equivalente grego de "a" acompanharia "Elizabeth" como sujeito, não "rainha". Em grego, seria algo como "a Elizabeth é rainha". Essa pequena nota de rodapé gramatical destaca o fato de que João nos diz antecipadamente que a "Palavra", a qual mais tarde, em algum momento, "se tornaria carne" é Deus — em outras palavras, sem ser muito técnico, que dentro da unidade do Deus criador existe (pelo menos, e para não falar tão tecnicamente) certa bipolaridade.

Isso não teria sido um choque para a maioria dos judeus monoteístas da época. Nos tempos de Jesus, a ideia do monoteísmo não era uma análise filosófica do "ser interior" do Deus Único. Trata-se de uma intensa afirmação sob dois aspectos. Primeiro, o mundo foi feito por um único criador bom e sábio, o que exclui qualquer sugestão de um "dualismo", em que a ordem criada possa ser a criação menor, ou até mesmo má, de uma divindade menor ou má.

Segundo, esse criador é o *único* Deus. Em outras palavras: os muitos supostos deuses e senhores do panteão pagão não passam de uma farsa. Qualquer poder que pareçam ter se deve a "demônios" irritantes e triviais, os quais exploram os seres humanos e os levam a adorar os não deuses como Zeus, Atena e os demais.

Portanto, não era absurdo para os judeus do primeiro século suporem que, dentro do mistério do Deus Único, houvesse diferentes movimentos e energias, contribuindo juntos para a obra da criação e da nova criação. Os primeiros seguidores de Jesus falavam, até certo ponto, sobre ele e seu espírito, mas isso corrobora nossas discussões anteriores sobre a Trindade e o messiado de Jesus.

Do nosso ponto de vista, isso pode parecer bem complicado. Mas será que realmente pensamos que tentar entender o maior mistério de todos seria simples? Para João, a simplicidade que desejamos é encontrada no retrato convincente e profundamente humano do próprio Jesus. João diz: olhem para ele e repensem o que sabiam sobre Deus, agora colocando-o no centro de tudo. "Ninguém jamais viu Deus. O Deus Unigênito, que está bem perto do pai — ele o trouxe à luz" (1:18). Isso diz tudo.

# PODER

Alguns anos atrás, escrevi um livro sobre poder, cujo assunto era o reino de Deus, que, segundo uma das previsões impressionantes de Jesus nos evangelhos, estaria "vindo com poder" (Marcos 9:1). É claro que esse era o desejo dos contemporâneos de Jesus. Deus, finalmente, faria o que havia prometido nas escrituras e tomaria o controle desse mundo de uma forma completamente nova. Desse modo, meu livro *Como Deus se tornou Rei*[1] tentou explicar que o anúncio do reino de Deus por Jesus e, depois, pela comunidade cristã primitiva se tratava basicamente de Deus assumindo o comando e liderando o mundo de uma maneira totalmente nova.

Entre as cartas e e-mails intrigantes que recebi de quem leu o livro, havia um que colocava o problema de forma bastante clara. Meu correspondente disse: imagine que uma grande crise tenha início, seja um ataque nuclear, uma pandemia global ou um desastre natural imenso, e alguém procura o primeiro ministro, o presidente ou o dirigente do país e pergunta: "O que você fará

---

[1] WRIGHT N. T. *Como Deus se tornou Rei*. Rio de Janeiro: Thomas Nelson Brasil, 2017.

a respeito?" e ouve a resposta: "Está tudo bem, pois Deus está no controle agora".

A questão era óbvia. Se Deus está no controle, todos nós podemos sentar e esperar que ele lide com a situação da melhor maneira possível, e pode ser que esperemos muito tempo. Meu correspondente explica que, em outras palavras, isso não é bom o suficiente e que algo precisa ser feito. Por nós!

Essa é a nossa versão moderna de uma discussão muito antiga. Uma das coisas que dividiu os pensadores judeus na época de Jesus foi a dúvida se deveriam esperar passivamente (ainda que estivessem em oração) pela ação de Deus (os essênios acreditavam mais ou menos nisso), tomar uma atitude por conta própria e esperar que Deus os abençoasse (os saduceus) ou se haveria uma mistura da iniciativa humana com a ação divina (os fariseus, com algumas diferenças entre eles). Existia também a casa de Herodes, os "reis dos judeus", que pareciam não se preocupar muito com Deus desde que permanecessem no poder, o que significava negociar com a maior fonte de poder da época, ou seja, o César, em Roma.

Temos nossas próprias versões do mesmo dilema, e isso coloca em foco o problema do poder, que possui a mesma forma dos outros seis problemas que analisamos neste livro. Podemos afirmar de maneira simples: *sabemos que o poder é importante, mas sabemos também que ele pode facilmente produzir um mal tremendo.*

É claro que, em nossos dias, muitos passaram a ver o "poder" como uma palavra suja. Já ouvi muitos dizerem, durante discussões em igrejas, no trabalho e em universidades: "Ah, só querem saber de poder!" Em outras palavras, a discussão deveria ser sobre políticas, mas o que realmente está acontecendo é que diferentes grupos estão disputando o poder e usando esse tema como um modo de consegui-lo, e achamos que isso tudo é muito ruim. E ainda pode piorar: as pessoas que reclamam que "só querem saber de poder" podem ser acusadas de querê-lo e de simplesmente se ressentirem pelo fato de o outro lado parecer estar à frente.

Acusá-las de tentar conquistar o poder pode também ser uma tentativa de consegui-lo.

No entanto, podemos sobreviver sem poder? É claro que não. As coisas precisam ser feitas. As leis devem ser criadas e (ao menos minimamente) aplicadas. A infraestrutura — estradas, sistemas telefônicos, recursos de eletricidade, e assim por diante — deve ser mantida. Os trens precisam andar — se não na hora certa ("fazer os trens andarem na hora" se tornou um clichê para o funcionamento de regimes tirânicos, como o da Alemanha nazista), pelo menos com bastante segurança, para que todos possam ir trabalhar e depois voltar para casa. De vez em quando, podemos fantasiar sobre viver sem poder e ter uma vida "simples", sem depender de ninguém além de nós mesmos, mas aqueles que tentaram esse estilo de vida em uma ilha deserta acharam no mínimo desafiador. Até mesmo uma família nuclear em uma ilha remota precisa de alguém no comando. Muitos dos nossos outros grandes temas — justiça, relacionamentos, e assim por diante — necessitam ao menos de uma comunidade básica em que as decisões precisam ser tomadas e colocadas em prática, e isso significa poder.

Ao longo dos anos, muitas pessoas viram as coisas e declararam que a forma de fazê-las funcionar seria colocando alguém forte (geralmente um homem) no comando. Assim, fizeram distinções entre "monarquia" (governo de um rei ou talvez rainha, cercado de conselheiros e administradores autorizados) e "tirania" (governo de um indivíduo todo-poderoso que toma todas as decisões totalmente por conta própria e as implementa, muitas vezes com uso da força). Às vezes, a tirania é dividida em um pequeno grupo e, nesse caso, o termo técnico costuma ser "oligarquia", embora hoje em dia essa palavra signifique algo diferente.

Desse modo, o debate vai e volta nos níveis nacional e internacional, nas escolas, faculdades, empresas e famílias. Aqueles que sofreram com tiranos ameaçadores parecem, em determinados momentos, preferir a anarquia, argumentando que, se as pessoas forem autorizadas a fazer o que bem quiserem, isso acabará com a tentação dos arrogantes e poderosos de derrubar todos os outros! Porém, isso costuma ter o efeito oposto.

Vimos isso acontecer no Iraque em 2003 e 2004. Saddam Hussein recebeu mais poder do que deveria, pois os aliados ocidentais queriam o Iraque como um estado-tampão contra o Irã quando tal país se tornou um estado islâmico teocrático, em 1979. Contudo, quando o próprio Saddam se tornou um tirano cruel e assassino, as potências ocidentais decidiram derrubá-lo, supondo ingenuamente que, quando se livrassem dele, a paz, a felicidade e a democracia surgiriam automaticamente. Em vez disso, como sabemos, instaurou-se a anarquia, o que, previsivelmente, permitiu que os agressores e os abusadores fizessem o que desejassem. Na verdade, os pobres e os fracos estavam muito mais protegidos sob a antiga tirania do que sob essa anarquia, cujos efeitos ainda são sentidos em toda a região.

Aí está o dilema. O Barão Acton, historiador britânico do século 19, é constantemente citado. Ele disse: "o poder tende a corromper, e o poder absoluto corrompe absolutamente". Sim, é verdade. Todavia, o Barão não foi tão claro sobre o que deve ser feito para evitar a corrupção que contamina tão facilmente. A história da política global como um todo e da política no mundo ocidental, principalmente nos últimos 250 anos, tem sido a história de diferentes tentativas de responder a essa pergunta. Vimos revoluções, a extensão de franquias democráticas, governos socialistas, ditaduras de direita e os mais diversos tipos de compromissos e coalizões.

Alguns sugerem que diferentes tipos de governo se adaptam a diferentes culturas e grupos étnicos, ao passo que outros suspeitam que tal proposta é racismo velado. Enquanto isso, diversas vezes, liderados como somos pela mídia, zombamos de líderes fracos e nos ressentimos dos poderosos. Como vimos anteriormente, queremos justiça, e, para que ela floresça, deve haver algum tipo de poder. Porém, como sabemos, quem está no poder costuma manipular a justiça para que ela se adeque aos seus próprios fins, com o intuito de evitar que seu comportamento corrupto seja exposto ao usar toda a força da lei contra seus oponentes. O poder é um problema nos níveis global e internacional.

Você vê a mesma coisa com ainda mais clareza em escolas, ambientes de trabalho, igrejas e famílias. Tudo vai bem quando há uma liderança forte e clara "lá em cima", como dizemos, até que a pessoa "de cima" esquece que a locomotiva que leva o trem precisa permanecer ligada aos vagões. Cientes disso, alguns líderes param de liderar e simplesmente tentam "administrar", mas isso também é desastroso. Se o motorista não estiver segurando o volante, o carro se desviará, descontrolado, pela estrada, e, então, todos os passageiros tentarão segurá-lo. Nenhum caminho acaba bem.

Desse modo, ambos os extremos — o abuso de poder e a abdicação deste — apontam para o dilema contínuo do poder em si. Duas ou três gerações atrás, o pêndulo balançava em direção ao controle central "forte", do tipo soviético ou nazista. Muitos pensadores "liberais" nas décadas de 1920 e 1930, cansados da estupidez dos governos democráticos, deduziram que a Rússia e a Alemanha lideravam o caminho e que o resto de nós deveria segui-los. As más lembranças daqueles dias ainda pairam como uma nuvem escura em nosso horizonte histórico recente, e o clima volta a uma suspeita permanente de "instituições" e do poder que exercem ou que todos imaginam que exerçam. O "sistema" e o "governo" se tornaram termos de abuso quase tanto quanto o "poder" em si.

Esse protesto — ligado ao movimento livre conhecido como pós-modernismo — foi considerado em todos os sentidos. Se alguém diz que está agindo por amor, suspeitamos que seja, na verdade, uma jogada de poder. Se alguém lhe oferece "liberdade", você *sabe* que é uma jogada de poder. E, quando alguém afirma que está dizendo a "verdade sincera", estamos desconfortavelmente conscientes de que, assim como Pilatos, isso significa quase certamente que, estando no poder, criam uma "verdade" para tornar o mundo do modo como desejam e, com isso, acabam tomando para si o poder. E assim por diante.

Tudo isso nos leva, mais uma vez, ao clímax do evangelho de João. Com Pilatos e Jesus confrontando um ao outro, descobrimos que toda a história tem sido envolta em poder: o que ele realmente é, como funciona e o tipo de poder radicalmente diferente que o evangelho apresenta. Expressando-se de outra forma: o poder é o último indicador fragmentado. Ele parece-nos contar algo fundamental sobre o mundo e talvez também sobre o criador. Porém, traz tantas decepções que facilmente nos tornamos cínicos e temos vontade de dizer que isso tudo é apenas um pesadelo ou uma piada de mau gosto.

A história de João sobre Jesus oferece uma resposta muito diferente. O poder é realmente importante, é de fato um indicador para a realidade do verdadeiro Deus. Todavia, o verdadeiro poder é muito diferente do que a maioria espera ou deduz.

No entanto, antes de mergulharmos no evangelho de João, precisamos analisar o contexto das escrituras de Israel. João e, antes dele, Jesus, poderiam assumi-lo. Nos dias atuais, as pessoas, incluindo muitos cristãos, se esqueceram disso.

# O PODER E A VOCAÇÃO HUMANA

Os seres humanos recebem poder na primeira página da Bíblia. Em Gênesis 1, diversas características do mundo recém-criado (a vegetação, os pássaros e os animais) recebem instruções para se multiplicar, florescer, continuar sendo eles mesmos e propagar sua própria espécie. No entanto, quando os seres humanos são criados, há uma dimensão extra. Também são recomendados a serem frutíferos e a se multiplicarem (1:28); contudo, recebem uma vocação fascinante e responsável: "domine ele sobre os peixes do mar, sobre as aves do céu, sobre os rebanhos, e sobre todos os animais selvagens da terra, e sobre todos os animais que rastejam sobre a terra" (1:26,28). Em outras palavras, o poder vem de Deus e é dado aos seres humanos.

Como já era de se esperar, uivos de protesto saudaram esse tipo de declaração, confirmando o estado de espírito que descrevi há pouco. Estamos bem cientes dos resultados destrutivos quando ouvimos a palavra "domínio" e concluímos que isso significa "exploração". Alguns veem nisso a causa e a raiz da nossa atual crise ambiental, ao passo que outros pedem que consideremos essa vocação como anulada pela "queda" em Gênesis 3, apesar de a encontrarmos novamente em Salmos 8, o qual os primeiros cristãos citam regularmente em conexão com o próprio Jesus.

Num poema que celebra a grandeza e majestade de Deus, o salmista declara que, embora os seres humanos sejam aparentemente pequenos e insignificantes em comparação com o Sol, a Lua e as estrelas, Deus os "coroou com glória e honra", dando-lhes "domínio" (essa palavra mais uma vez) sobre o restante da terra. Não acredito que o salmista seja ingênuo. A loucura perigosa da raça humana era tão aparente quanto agora, mas a vocação é reafirmada, criando a versão bíblica do quebra-cabeça que já esboçamos. Então, como a própria Bíblia resolve isso?

Uma das principais formas de resolver essa questão na Bíblia, a qual Jesus bem conhecia, é por intermédio do tema relativo à sabedoria. Os seres humanos são chamados a ser "sábios" para descobrir que, por meio da reverência humilde diante do Deus criador vivo, eles próprios alcançarão a percepção e o entendimento de como gerenciar não só suas próprias vidas, mas também todos os outros aspectos do mundo em que vivem. O texto clássico aqui é o livro de Provérbios e os diversos outros textos judaicos que o expõem e o aplicam. A vocação de ser o principal governante do povo de Deus exigia "sabedoria" de um tipo que só poderia ser um dom de Deus. Ciente de suas grandes responsabilidades, Salomão ora por sabedoria, para que possa reinar com o devido discernimento entre o bem e o mal (1Reis 3:6-9).

Esse tema é desenvolvido em dois retratos famosos de heróis bíblicos que, sem se tornarem reis, são reconhecidos pelos governantes reais por terem sabedoria superior e, portanto, no que diz respeito à autoridade, são colocados sob o rei e sobre o reino, da mesma forma que os seres humanos estão sob Deus e sobre todo o mundo. Os dois heróis citados são José, no reino do faraó, e Daniel, no reino da Babilônia. Suas histórias mostram as formas diferenciadas pelas quais seu poder estava enraizado na fidelidade a Deus, expresso em discernimento marcante, reconhecido por seus respectivos monarcas e exercido na prática.

No que concerne aos próprios reis, outro salmo apresenta uma visão majestosa das maneiras pelas quais o "domínio" deveria ser exercido:

> Reveste da tua justiça o rei, ó Deus, e o filho do rei, da tua retidão, para que ele julgue com retidão e com justiça os teus que sofrem opressão [...] Governe ele de mar a mar e desde o rio Eufrates até os confins da terra [...] Pois ele liberta os pobres que pedem socorro, os oprimidos que não têm quem os ajude. Ele se compadece dos fracos e dos pobres, e os salva da morte. Ele os resgata da opressão e da violência, pois aos seus olhos a vida deles é preciosa" (Salmos 72:1-2,8,12-14 — NVI).

É para isso que serve o "domínio" que, como sabemos, pode ser facilmente explorado em proveito próprio. As histórias das monarquias, incluindo as antigas monarquias hebraicas, são cheias de tais abusos, mas há um verdadeiro motivo pelo qual os governantes podem e devem ser lembrados. Deus deseja que seu mundo seja governado sabiamente por seres humanos humildes e obedientes em todas as esferas, por homens que confiarão no julgamento e na sabedoria de Deus e os aplicarão em suas comunidades para trazer cura e esperança aos mais necessitados. O salmo termina com a promessa suprema: sob o governo desse rei, a glória de Deus enche toda a terra (72:19).

Essa visão do rei escolhido por Deus como o governante sábio e curador é defendida para que os governantes das outras nações vejam e sejam humilhados. O salmista escreve: "por isso, ó reis, sejam prudentes; aceitem a advertência, autoridades da terra" (2:10). Esse tema ecoa ao longo dos séculos e é abordado num livro bem posterior conhecido como Sabedoria de Salomão (6:1).

É claro que o instinto de suspeitar de corrupção e egoísmo de todos os governantes era totalmente reconhecido nas antigas comunidades israelitas e, posteriormente, nas judaicas. O controle e o equilíbrio exigidos pelo poder foram oferecidos pela vocação estranha, e muitas vezes perigosa, dos profetas. Eles também precisavam de sabedoria, também eram suscetíveis à corrupção e ao engano. Quando um rei perverso pede conselhos a um falso profeta, o povo treme (como vemos, por exemplo, em 1Reis 22). Entretanto, como regra geral, todos sabiam que reis e sacerdotes (que exercem seu próprio tipo de autoridade) precisavam ser responsabilizados e que os profetas o fariam. Por esse motivo, o período do segundo Templo da vida judaica deve ter sido tão confuso para aqueles que lutavam em oração para se apegar à fé e à esperança. A antiga casa real falhou, e não surgiu profeta algum para contar ao povo o que estava acontecendo.

E foi por isso que, quando apareceu um homem que correspondeu à descrição de "profeta", denunciando o atual "rei dos judeus" e declarando que, a qualquer momento, o verdadeiro rei seria revelado, houve um grande entusiasmo. Agora os indivíduos finalmente acreditavam que Deus "assumiria o comando" e "se tornaria rei" da maneira que alguns sempre desejaram. E, quando o primo deste profeta, Jesus de Nazaré, começou a realizar atos poderosos e a declarar que o reino de Deus estava realmente chegando, a empolgação transbordou. Quem estava no poder observou cuidadosamente e com bastante atenção.

Assim como nossos outros indicadores principais, o tema do poder pode nos levar rapidamente de volta ao próprio Jesus, nesse caso, precisamente para Jesus como um verdadeiro ser humano. Quando exclamam que Jesus agia com grande poder e autoridade, não podemos interromper o processo e concluir que isso significa que ele estava simplesmente "sendo Deus", e sim que estava sendo o ser humano obediente, o verdadeiro rei, aquele que foi colocado em autoridade sobre o mundo. O poder de Jesus foi usado exatamente como Salmos 72 disse que deveria ser. Ele cria o modelo para todo o poder humano genuíno.

A história longa e muitas vezes intrigante de Israel atinge seu auge (isso é o que todos os quatro evangelhos estão tentando nos dizer) na vida desse homem, mas não somente em sua vida. O próprio Jesus redefiniu claramente o poder em uma passagem famosa e o fez em torno de sua própria "vocação dentro da vocação". Ele traria o chamado humano baseado no Gênesis (ao "domínio") e o chamado real (ao "poder de cura") ao seu clímax por meio de sua própria morte:

> Tiago e João, filhos de Zebedeu, aproximaram-se dele. "Mestre", disseram, "queremos que nos conceda qualquer coisa que pedirmos". "O que querem que eu lhes faça?", perguntou-lhes Jesus. "Conceda-nos", disseram eles, "que, quando o senhor estiver em toda a sua glória, um de nós se assente à sua direita, e o outro à sua esquerda". "Vocês não sabem o que estão pedindo!", retrucou Jesus. "Podem beber o cálice que irei beber? Podem receber o batismo que irei receber?" "Sim", responderam eles, "podemos". "Bem", disse Jesus, "vocês beberão o cálice que eu bebo; vão receber o batismo que eu recebo. Mas sentarem-se à minha direita e à minha esquerda — isso não é comigo. Já foi determinado" (Marcos 10:35-45).

Essa é uma das muitas passagens importantes do Novo Testamento que oferece esse tipo de redefinição de poder. O fato de muitos terem pregado sobre esse texto sem perceber qual é o seu ponto principal — preferindo concentrar-se apenas na última frase e tratá-la como uma declaração desconectada da "teologia da expiação" — é um sintoma do profundo mal-estar que tomou conta de grande parte do cristianismo ocidental, uma "espiritualização" da fé que se refere apenas a "eu e a minha salvação", e não ao mundo real. Isso explica por que muitos deduziram que a Bíblia não teria muito a dizer sobre os grandes problemas dos nossos dias, dos quais o poder é, sem dúvida, um deles.

Porém, a passagem como um todo é muito clara. Jesus está, ao mesmo tempo, confirmando a natureza do poder dada por Deus, desafiando sua habitual corrupção, principalmente entre reis e imperadores, e redefinindo-o com base em sua própria vocação fundamentada nas escrituras. O governo soberano de Deus, que ele inaugurava em sua carreira pública, seria firmemente estabelecido não pelo tipo de revolução que Tiago e João tinham em mente, mas sim por meio de sua própria morte, que cumpria as escrituras.

Esse é um dos principais trechos bíblicos sobre o poder; o outro é a Segunda Carta de Paulo aos Coríntios. Sem entrar em detalhes, basta dizer que um dos temas implícitos nessa carta complicada e desafiadora é o confronto de Paulo com os coríntios que pretendiam, digamos assim, "tornar o apostolado novamente grandioso". Ele discorda deles e os corrige. Embora ser um apóstolo de Jesus, o Messias crucificado, carregue consigo a noção de poder — o que é necessário para que a igreja não volte ao paganismo anárquico —, o poder em questão é mostrado pelo próprio Messias por meio da sua morte e ressurreição. Ele ainda insiste no seguinte: "quando sou fraco, aí é que sou forte" (2Coríntios 12:10).

A carta inteira oferece uma meditação longa sobre esse tema, aplicada com grande sutileza e compaixão. Suspeito que muitos em nossas igrejas, incluindo aqueles que se consideram cristãos "paulinos", não estejam tão familiarizados com 2Coríntios, talvez novamente porque a igreja ocidental não tenta aprender sobre a questão do poder estudando a Bíblia. Porém, é tempo de o fazermos.

Assim, a resposta bíblica inicial à pergunta sobre o poder é que ele certamente possui um lugar importante no propósito do Criador para o mundo, mas que (assim como a justiça, a liberdade e todo o resto) pode ser — e muitas vezes é — corrompido de forma que parece eliminar nele qualquer chance de ser um indicador da verdade máxima sobre Deus e o mundo. Contudo, a verdade é que o poder é realmente um indicador desse tipo, já que aponta para o fato de que o Criador pretendia, e ainda pretende, que seu mundo seja ordenado, não caótico; frutífero, e não esbanjador; e que o glorifique e não seja vergonhoso. E o projeto central que o criador Deus colocou em prática para realizar isso foi a delegação de seu poder aos seres humanos criados à sua imagem.

Deus com certeza é bastante capaz de agir de maneira direta no mundo, embora mesmo assim a Bíblia reconheça que os seres humanos também estejam envolvidos nessa obra, ainda que apenas por seus lamentos e orações. No entanto, existem diversas dicas nas escrituras de que o próprio objetivo da criação — um mundo feito por Deus para amadurecer e florescer sob a responsabilidade humana — era um reflexo da verdade secreta e oculta do próprio Criador. É como se Deus tivesse criado um mundo para existir por meio da ação humana, em antecipação ao dia em que viria como um homem genuíno para tomar conta de seu próprio mundo. Grande parte da teologia dos últimos trezentos anos tem se dedicado a enfatizar a divindade de Jesus, sem saber ao certo o que fazer com sua humanidade ou com a questão de como esses dois lados podem de fato trabalhar juntos. Esta é a resposta, pelo menos a princípio, inclusive à nossa pergunta sobre poder:

> Ele é a imagem do Deus invisível,
> o primogênito de toda a criação.
> Pois nele foram criadas todas as coisas,

> nos céus e sobre a terra,
> As coisas que podemos ver e as invisíveis,
> — tronos e senhorios, e governantes, e poderes —
> Tudo foi criado por meio dele e para ele.
> (Colossenses 1:15,16).

"Ele é a imagem", ou seja, o ser humano genuíno, bem como, exposto em alguns versículos depois, aquele em quem foi do agrado de Deus que habitasse toda a plenitude (Colossenses 1:19). Como Paulo explica no capítulo seguinte, "nele a medida plena da divindade assumiu a forma humana" (2:9). Portanto, todo poder pertence a Deus e é delegado ao Filho, que, por sua vez, o delega ainda mais aos "tronos e senhorios, e governantes, e poderes" deste mundo. Essa é uma declaração desafiadora em nosso clima político atual, no qual a suspeita e a retórica antiautoritária se tornaram a ordem impensada do dia. Porém, ao escrever essa carta da prisão, Paulo não é ingênuo nem idealista. Na verdade, ele afirma que Deus "despojou os poderes e as autoridades de sua armadura, e os exibiu com desprezo ao público, celebrando nele [isto é, em Jesus] seu triunfo sobre eles" (2:15). Se os "poderes" foram feitos em, por meio de e para o Filho, eles parecem ter se rebelado. Precisavam ser derrotados e trazidos de volta à linha; e quando isso acontece, eles não são abolidos, e sim "reconciliados" (1:20).

Acredito que podemos dar um passo à frente. Não é só o fato de Deus ter criado um mundo em que os seres humanos são chamados a exercer a autoridade que lhes é incumbida. Também não é só o fato de isso parecer acontecer porque o próprio Deus sempre pretendeu vir e exercer esse poder como ser humano. A questão é que esse compartilhamento de poder, essa delegação a uma criatura que por si só é fraca, vulnerável, suscetível a doenças e ataques de animais selvagens e limitada em conhecimento e poder físico expressa muito sobre o amor generoso e transbordante do Criador.

INDICADORES *fragmentados*

Como tem sido fácil para quem vislumbrou a vocação humana usar esse poder dado por Deus no mundo para "brincar de Deus", esquecendo-se de que o Deus que deveriam imitar não é o Deus do poder nu e intimidador, e sim o do amor generoso e sociável, que compartilha o poder, opera por meio de seres humanos vulneráveis, que veio e exerceu seu poder salvador como um ser humano totalmente vulnerável, "homem de tristezas e familiarizado com o sofrimento", como a versão King James traduz Isaías 53:3.

Podem até dizer que o abuso de poder — o qual levou muitos em nossos dias a encará-lo não como um indicador da verdade sobre Deus e o mundo, mas como uma característica desagradável e lamentável de como o mundo realmente é (e talvez até como argumento contra a existência de Deus!) — anda de mãos dadas com um fracasso na igreja e no mundo ocidental no que se refere a entender a doutrina da própria Trindade. É por meio da verdade misteriosa que Deus, o Criador, sempre teve a intenção de entrar em sua criação, e, como ser humano, podemos realmente compreender do que se trata o poder.

Quando, com o mundo em ruínas, essa entrada de Deus como humano no mundo exigiu a inversão mais dramática que se possa imaginar dos conceitos normais de poder — Jesus vindo ao seu reino pela tortura vergonhosa da cruz —, começamos a perceber que parte do nosso problema com a teologia é que projetamos de volta em Deus as diversas imagens de abuso do poder que recebemos, em vez de permitir que a visão de Deus apresentada nos evangelhos reoriente e realinhe tudo o que queremos dizer sobre Deus em primeiro lugar. O Novo Testamento inteiro insiste que só sabemos quem Deus realmente é — e, com isso, que apenas sabemos o que é o poder — se olharmos para o próprio Jesus.

Quando Paulo tratou do seu poder como apóstolo, o poder do Espírito agindo nele e por meio dele, insistiu que esse poder também era mostrado em e por meio de sua fraqueza aparentemente vergonhosa. Se é verdade, como nos dizem em diversos lugares, que o plano principal de Deus é tornar os seres humanos redimidos seu "sacerdócio real" na nova criação (Apocalipse 1:6; 5:10; entre outros), essa mordomia delegada será uma questão de poder redefinido, o poder do amor soberano e abnegado. Quanto mais antecipamos esse tipo de poder no presente, melhor — sobretudo porque o indicador fragmentado do poder como o conhecemos nos nossos dias poderá, enfim, acabar sendo restaurado.

# OS DOIS TIPOS DE PODER

De volta ao evangelho de João: o que João diz sobre poder?

A resposta principal é encontrada no confronto entre Jesus e Pilatos relatado nos capítulos 18 e 19. É claro que isso é tudo, menos uma reunião de iguais. Os espectadores veem um homem solitário e indefeso cujos compatriotas desejam que seja morto. Um homem vulnerável, chicoteado por capricho do governador, alvo de zombarias por parte dos soldados que o vestem como um falso "rei"; um homem desamparado, totalmente à mercê do poder do dia. No entanto, os leitores de João veem a Palavra que se tornou carne, o Senhor da Criação, o Rei de Israel e, portanto, (segundo os Salmos e os Profetas) o verdadeiro Senhor do mundo.

Os espectadores veem um governador romano que é capaz de matar um homem e libertar outro como bem quiser — embora, mais cedo ou mais tarde, tenha de responder a César, que pode não aceitar muito bem a ideia de que um "rei" rebelde tenha sido libertado levianamente. (Os líderes judaicos gritaram: "Se deixar esse homem ir, você não é amigo de César" — João 19:12). Os leitores de João enxergam um político fraco, aborrecido por ser manipulado, determinado a se vingar de forma mesquinha ("O que está escrito, está escrito", versículo 22). A verdade é que veem em Pilatos o que Jesus viu: um ser humano com autoridade delegada genuína ("Você não teria nenhuma autoridade sobre mim, se não lhe fosse dada do alto", versículo 11) e que, desse modo, será responsabilizado pelo que faz com essa autoridade, uma responsabilidade que pertence ainda mais diretamente àqueles que lhe entregaram Jesus ("Por isso, aquele que me entregou a você é culpado de um pecado maior", versículo 11).

Mesmo nesse momento de crise, a antiga ideia bíblica do poder político, especialmente o poder político pagão, mantém-se firme: o Deus Único deseja que seu mundo seja governado sabiamente pelo homem, e aqueles a quem essa autoridade é delegada serão responsabilizados. Os tiranos amam a primeira parte da frase e tentam esquecer a segunda, ao passo que aqueles que preferem a anarquia destacam a segunda parte e tentam esquecer a primeira.

Do ponto de vista de Jesus e João, o assunto em questão é o reino de Deus. A palavra "reino" diz respeito a autoridade, e autoridade se refere a poder. Mas e se assumirmos que existem tipos diferentes de poder? Como sempre, mesmo num momento como esse, Jesus responde à pergunta que seus interlocutores deveriam ter feito, e não a que realmente fizeram:

> Então, Pilatos voltou ao Pretório. "Você é o rei dos judeus?", perguntou a Jesus. "Você pensou assim", perguntou Jesus, "ou outras pessoas falaram com você a meu respeito?" "Eu não sou judeu, não é mesmo?", retrucou Pilatos. "Seu próprio povo e os chefes dos sacerdotes o trouxeram a mim! O que você fez?" "Meu reino não é do tipo que floresce neste mundo", replicou Jesus. "Se meu reino fosse deste mundo, meus auxiliares lutariam para impedir que os habitantes da Judeia me prendessem; mas não é assim, pois meu reino não é daqui." (João 18:33-36).

A frase crucial é a seguinte: *meu reino não é do tipo que floresce neste mundo*. Existem dois tipos de reinos, dois tipos de poder. As traduções antigas, como a versão King James, passavam muitas vezes para os leitores a ideia errada ao traduzir a frase como "o meu reino não é deste mundo". Em uma cultura que deseja positivamente que a mensagem de Jesus não tenha nada a ver com "poder", isso soa como se ele estivesse dizendo: "o objetivo do meu reino é ir para o céu". Assim, por gentileza, não se preocupe com nada que seja "mundano".

Todavia, não é isso que a expressão diz no idioma original. O reino de Jesus não é "deste mundo", mas certamente é *para* este mundo. Essa é a aplicação direta da frase na Oração do Senhor, que diz: "venha o teu reino […] assim na terra como no céu". O reino vem do céu, mas foi projetado para ter efeito na terra. Ele é realmente planejado para ser o verdadeiro tipo de poder real de que Salmos 72 trata, o qual é verdadeiramente um indicador da realidade de Deus e da verdade sobre o mundo, por mais que esse sinal tenha sido prejudicado ao longo do caminho.

Sendo assim, qual é a maior diferença entre os dois tipos de reinos, os dois tipos de poder? Jesus é bem claro. Um reino "mundano", no sentido em que ele está rejeitando, consegue existir por meio da luta. Era assim que o reino de César funcionava, e com eficiência inabalável. Se o reino de Jesus fosse "desse mundo", seus seguidores e apoiadores teriam encenado uma rebelião armada. Na verdade — e os leitores originais de João sabiam disso muito bem —, isso poderia facilmente ter acontecido quando Simão Pedro desembainhou a espada no jardim e cortou a orelha do servo do sumo sacerdote, Malco (João 18:10).

Naquele momento, intensificado pelo fato de João conhecer o nome do servo e destacá-lo, ele acentua o contraste entre os dois tipos de reino, os dois tipos de poder, e mostra que até os defensores mais próximos de Jesus, ouvindo tudo o que ele havia dito sobre o amor poderoso de Deus, ainda não o haviam "entendido". O amor era bem-vindo quando Jesus e seus seguidores estavam sentados juntos à mesa, mas, quando havia assuntos a serem tratados no mundo exterior, possivelmente alguém precisaria, como sempre, de uma espada. Jesus declara que não é dessa forma. Assim como seu confronto com Pilatos, esse diálogo ainda é apresentado sob a assinatura de João 13:1. A história inteira é sobre o amor, o amor que se tornou carne, fazendo o que somente o amor pode fazer.

Certamente podemos recorrer a João 13 para um aprofundamento do mesmo ponto. No versículo 3, João diz: "Jesus sabia que o Pai pusera todas as coisas em suas mãos". Deus entregou-lhe a tarefa de trazer o reino, e a forma que escolhe para expressar esse poder, essa autoridade, é se ajoelhando para lavar os pés dos discípulos (versículos 4-15), insistindo que isso serve como modelo de como seus seguidores devem agir dali em diante. Podemos deduzir que isso faz parte do que está em vista quando, no centro do prólogo do evangelho, João diz que "deu a todos que o aceitaram [...] o direito" — no grego a palavra usada é "*exousia*", o "poder" ou a "autoridade" — "de se tornar filhos de Deus" (1:12). As crianças não costumam ser contadas entre os poderosos do mundo, então, o significado de ser filho de Deus é definido pelo resto da história, principalmente pela lavagem dos pés, por um lado, e pela crucificação, por outro.

Agora os pontos anteriores precisam ser fundamentados com maior clareza na análise do poder e da vitória no capítulo 12. Se quisermos saber o que João pensava que estava acontecendo quando Jesus enfrentava Pilatos — e quando Pilatos colocava em prática o tipo "normal" de reino ao enviar Jesus para sua morte —, devemos prestar muita atenção no trecho 12:20-33:

> Alguns gregos foram para a festa a fim de adorar a Deus. Eles se aproximaram de Filipe, que era de Betsaida da Galileia. "Senhor, gostaríamos de ver Jesus", disseram eles. Filipe foi e contou a André, e os dois foram juntos contar isso a Jesus. "Chegou a hora", disse Jesus em resposta. "Este é o momento de o filho do homem ser glorificado. Eu lhes digo a verdade

> solene: se o grão de trigo não cair na terra e morrer, permanecerá somente ele. Mas, se ele morrer, produzirá muito fruto. Se ama sua vida, você a perderá. Mas, se odiar sua vida neste mundo, você a conservará para a vida eterna. Se alguém serve a mim, tem de me seguir. Aonde eu for, meu servo também irá. Se alguém serve a mim, meu pai o honrará. Agora meu coração está perturbado", continuou Jesus. "Mas o que vou dizer? 'Pai, salva-me deste momento?' Não! Eu vim para este momento. Pai, glorifica teu nome! Eu já glorifiquei e glorificarei de novo", disse uma voz que veio do céu. "Foi um trovão", disse a multidão que estava ali e ouviu a voz. "Não", disseram outros. "Foi um anjo falando com ele", disseram outros. "Essa voz veio por causa de vocês, não por minha causa", replicou Jesus. "Agora vem o julgamento deste mundo! Agora, o governante deste mundo será expulso! E, quando eu for levantado da terra, atrairei todos a mim." Ele disse isso para indicar o tipo de morte que sofreria. (João 12:20-33).

A pergunta implícita aqui — e vale lembrar que João é perito nessas colocações — é: quem é, de fato, o responsável pelo mundo? Essa é a questão do reino, além da questão da justiça, como vimos em nosso primeiro capítulo. Entretanto, agora é abordada pelo que parece ser um ângulo oblíquo.

A passagem começa de forma tranquila e amigável. Jesus e seus seguidores estão em Jerusalém e, como já era de se esperar, as notícias se espalham. Os peregrinos que vieram das redondezas e de longe estão ansiosos para experimentar tudo o que Jerusalém tem a oferecer. Por um breve momento, Jesus havia se tornado quase uma atração turística, e poderíamos esperar que ficasse feliz em conversar com os gregos e explicar-lhes algo sobre o verdadeiro reino do verdadeiro Deus.

Porém, como sempre, João, assim como o próprio Jesus havia feito, confunde nossas expectativas. Em vez de falar sobre o que nos parece uma "oportunidade evangelística", Jesus interpreta a abordagem dos gregos como um sinal de que o fim do jogo está se aproximando rapidamente. "Este é o momento de o filho do homem ser glorificado", diz ele — em outras palavras, para que Daniel 7 se cumpra e "alguém como um filho do homem", o representante real de Israel, assuma sua devida autoridade sobre o mundo. Jesus entende que aquele é o momento para que a verdadeira transferência de poder aconteça.

Apesar disso, essa transferência de poder não será realizada pelos meios normais, os quais Pedro procurava em seu momento desastroso no jardim, e sim com "o grão de trigo que cair na terra e morrer", dará, assim, "muito fruto". Jesus conquistará a vitória por essa rota totalmente inesperada, e seus seguidores, por sua vez, aprenderão o mesmo comportamento do reino. É assim que a glória do Pai será revelada. O Pai glorificou seu nome e o fará de novo e decisivamente. Jesus interpreta a voz do céu como um sinal da vitória que está por vir: "Agora vem o julgamento deste mundo! Agora, o governante deste mundo será expulso! E, quando eu for levantado da terra, atrairei todos a mim".

Em outras palavras, essa é a resposta indireta ao pedido dos gregos. Sim, seu pedido é um sinal de que o último ato do drama está se aproximando rapidamente. O "filho do homem" será exaltado como o Senhor das Nações, a fim de atrair "todas as pessoas" para si. Porém, para que isso aconteça, quem exerce o poder atualmente precisa ser derrubado. O próprio mundo está sendo responsabilizado ("julgado"), e seu governante, que atualmente tem poder sobre o mundo inteiro, incluindo os gregos, será destronado. Lembramos a nós mesmos que esse incidente chega perto da conclusão dramática da primeira metade do livro de João, indicando-nos como a segunda metade deve ser lida.

No auge da segunda metade, quando vemos Jesus confrontando Pôncio Pilatos, é isso que está acontecendo. É assim que o "governante" está sendo julgado, responsabilizado, mostrado como alguém unido em aliança com a força máxima da anticriação. Esse é o modelo para os objetivos que Jesus estabeleceu para a igreja no capítulo 16, e é isso que parecerá quando, por meio do testemunho da igreja, o Espírito "provará que o mundo está errado em relação ao pecado", bem como à justiça e ao juízo (João 16:8-11). Os leitores de João já foram informados de que a vitória sobre o "o governante deste mundo" será conquistada por meio da morte de Jesus, e isso acontecerá pela obra do Espírito, convencendo o mundo do pecado e por meio do evangelho, atraindo indivíduos de todas as nações para a nova família de Jesus.

Assim, a expressão "governante deste mundo" parece ter dois significados no capítulo 12. Consideramos difícil manter esses significados juntos; contudo, outras culturas podem ter mais facilidade do que nós. Por um lado, não há dúvida de quem estamos falando. Esse "governante" é o poder sombrio de "o satanás", o acusador. Em breve, "o satanás" colocará ideias em Judas e acabará entrando em seu coração e o direcionando, para que Judas se torne "o acusador" que leva os soldados a prenderem Jesus (13:2,27). Esse "governante deste mundo" fará o pior e descobrirá que a morte de Jesus é, na verdade, o meio para alcançar a vitória que ele havia previsto.

Todavia, ao mesmo tempo parece claro que o "governante deste mundo" é também a força de Roma, de César. Jesus declara um pouco mais tarde que "o governante deste mundo está vindo" (João 14:30). Embora Jesus afirme "ele não tem nenhum direito sobre mim", por um momento esse governante parecerá ter subjugado Jesus em seu poder. Dessa vez, está claro que Jesus se refere aos soldados que o prenderão e o crucificarão. De alguma maneira, os dois significados de "governante deste mundo" caminham juntos. "O satanás" e os soldados agirão em parceria, e tudo isso será simplesmente o meio para se chegar ao fim: a vitória planejada pelo Pai.

Quando unimos os capítulos 12 e 18—19, descobrimos que João incluiu o que gostaria de dizer sobre poder e o próprio reino de Deus em uma narrativa mais ampla. Se o reino de Jesus fosse "deste mundo", seus servos lutariam. Pilatos também possui esse tipo de autoridade, aquela usada para matar Jesus. Esse é o poder "normal", o método comum de "reino", porém, o poder de Jesus funciona de outra forma, a saber, pelo sofrimento do amor daquele que dá a vida por seus amigos e que é levantado como a serpente no deserto para que todos possam vê-lo, acreditar nele e serem resgatados do domínio do outro poder, o poder das trevas; e o resgate máximo do poder das trevas é a ressurreição.

Quando Lázaro ainda estava incorrupto depois de quatro dias no túmulo e aparentemente esperava a ordem de Jesus para acordá-lo da morte, esse era o sinal de que suas preces anteriores haviam sido respondidas. Quando o próprio Jesus foi ressuscitado dentre os mortos no terceiro dia, esse foi o sinal de que a obra de resgate havia realmente sido "concretizada" e "concluída" ao morrer na cruz (19:30). A Páscoa declara, no poder (que faz parte do argumento, como Paulo afirma em Romanos 1:3-4), que "o governante deste mundo" foi mesmo "expulso" e que agora é a hora de os gregos e de quaisquer pessoas — que desejarem fazê-lo — abandonarem seus ídolos inúteis e adorarem o Deus verdadeiro.

O poder comum e os reinos comuns do mundo têm a morte como arma principal. O reino de Deus e o poder que o acompanha são capazes de vencer a morte. O poder do Criador renova a própria criação. A ressurreição é a resposta máxima às perguntas de Pilatos e, com elas, ao problema do poder em si.

# O PODER DO ESPÍRITO NO PRESENTE

Nesse ponto, alguém pode argumentar: "bem, supondo que haverá uma ressurreição no final, quando tudo será corrigido, o que acontece enquanto isso? É claro que temos de continuar usando os meios normais do poder, com a ameaça da execução, violência e morte até tal momento, certo?"

Bem, aqui temos de ser cuidadosos. Existe uma visão bíblica segundo a qual, no tempo presente, todas as sociedades ainda necessitam do trabalho policial para impedir que os agressores e os inescrupulosos cacem os fracos e vulneráveis. É sobre isso que Paulo fala em Romanos 13:1-7 e Pedro, em 1Pedro 2:13-17. Contudo, esse é simplesmente o sinal de que o reino supremo, na volta de Jesus (como em João 21:22 ou Filipenses 3:20-21), ainda não aconteceu. Esse tipo de ação policial tem um propósito totalmente limitado. É bem parecido com o papel da Torá, como Paulo explica em Gálatas 3: manter o mal sob controle até que o Messias chegue. Portanto, o tipo de trabalho "policial" de Romanos 13 é necessário para impedir a anarquia e o caos no mundo até o retorno do Messias. Porém, esse tipo de trabalho não é o meio pelo qual o reino de Deus, que passou a existir decisivamente na morte e ressurreição de Jesus, segue em frente no presente.

João insiste que essa obra é realizada pelo poder do Espírito. Agora que o poder das trevas foi derrotado, que os seguidores de Jesus foram purificados por sua Palavra e por sua morte, que Jesus foi "glorificado", "erguido" na cruz e elevado a uma vida corporal imortal, seus seguidores devem ser munidos do seu Espírito e receber o sopro da ressurreição, a fim de que possam obedecer à sua ordem: "Da mesma forma que o pai me enviou, eu os envio" (João 20:21). E cumprem suas tarefas, como viajantes que entram numa nova terra estranha e inexplorada, sem as armadilhas dos "reinos" e os "poderes" que são "deste mundo": contudo, com o poder de mudar o mundo e as criaturas dado pelo evangelho e o Espírito.

Isso significa que os seguidores de Jesus, capacitados pelo Espírito, estão assumindo o papel de seres realmente humanos, exercendo o poder humano. Jesus foi verdadeiramente humano, o

INDICADORES *fragmentados*

portador da imagem que concretizou a história do "novo Gênesis". Quando sai diante da multidão, vestido ironicamente em uma túnica roxa, Pilatos diz mais do que sabe: "Aqui está o homem" (19:5). Aqui, assim como quando Pilatos chama Jesus de "rei dos judeus", João deixa claro que ele está falando a verdade, mesmo que cinicamente. Jesus é o verdadeiro homem, a imagem, o rei, e seus seguidores, os ramos da videira verdadeira, que compartilham seu corpo e sangue e são habitados e cheios de poder por seu Espírito, além de serem os verdadeiramente humanos.

Aqui chegamos, por fim, à resposta para o paradoxo do poder. Os serem humanos são criados para exercer o poder, mas o verdadeiro poder humano sempre foi destinado a ser praticado por meio do amor altruísta. Quando isso acontece, o poder "funciona". Ele nem sempre alcança os "resultados" instantâneos obtidos por ameaças, provocações e violência. Isso faz parte do ponto da razão pela qual o reino de Deus não se desenvolve tranquilamente da maneira que alguns gostariam contra a zombaria de Pôncio Pilatos. Em vez disso, segue seu caminho, como sempre fez, por meio do testemunho sofrido de párias cristãos, das Madres Teresa deste mundo, do amor generoso de seguidores "comuns" de Jesus, do grito de "Jesus!", o qual foi ouvido em 2015 por cristãos coptas decapitados em uma praia na Líbia.

Na verdade, é disso que João 21 trata. Esse capítulo, que acreditamos ter sido acrescentado depois da morte do autor original por alguém próximo a ele, o qual pudesse comprovar suas histórias, destaca o momento em que Pedro, após seu lapso desastroso anterior, é recomissionado como líder entre os seguidores de Jesus. Aqui duas coisas precisam ser pontuadas sobre a natureza do poder.

Primeiro, a autoridade que Pedro conquistará com esse recomissionamento acontece quando ele está plenamente consciente de suas fraquezas e de seus fracassos. Grande parte do "poder" humano comum é sustentado pelo pretexto de uma força que conquista tudo. O poder de Pedro, simbolizando aqui o verdadeiro poder daqueles que trazem o evangelho ao mundo, continua sendo um dom de Jesus precisamente para aqueles que sabem que são indignos e incapazes, e, no momento em que se esquecem disso, caminham direto para o problema. As histórias posteriores sobre a crucificação de Pedro — e sua insistência em que seja crucificado de cabeça para baixo com o objetivo de não ser comparado ao próprio Jesus — podem não ser bem fundamentadas historicamente. Porém, mostram como as gerações subsequentes foram dominadas por essa visão de poder comum sendo subvertida nas vidas dos seguidores de Jesus.

Segundo, o poder e a autoridade agora investidos em Pedro não são de forma alguma o tipo de poder que ele mesmo desejava exercer quando desembainhou a espada no jardim. Esse era o verdadeiro sinal de seu fracasso. Imaginando que Jesus poderia ser defendido pela violência humana comum e antiquada, não teve onde se esconder quando foi confrontado com a sugestão de uma ameaça ("eu não o vi com ele no jardim?"). Em vez disso, o poder e a autoridade que possuirá agora são direcionados a pastorear um rebanho de cordeiros: "cuide das minhas ovelhas [...] tome conta das minhas ovelhas [...] alimente minhas ovelhas". Os cordeiros e as ovelhas são os únicos que importam. O pastor tem simplesmente um trabalho a fazer, e com certeza é uma missão que carrega poder e, ainda assim, consiste inteiramente na obra do amor.

Desse modo, no final, a mensagem cristã oferece uma inversão profunda do que pensamos que sabemos sobre o poder e do que realmente queremos dele. Quando seguimos a trilha dos indicadores fragmentados, descobrimos que nos levam ao pé da cruz, onde nossas perguntas ansiosas são finalmente respondidas. Os reinos do mundo insistem que o poder deve ser alcançado e apoiado pela ameaça de violência, e é por isso que o poder se tornou um paradoxo: parece começar como um indicador para a verdade do mundo, mas ainda assim aponta para direções que fazem a maioria de nós estremecer.

INDICADORES *fragmentados*

Em vez disso, o reino de Deus revela algo bem diferente: um poder exercido por meio de doação, serviço e amor. Um poder que transforma o mundo de modos que ninguém poderia imaginar na época, de maneiras que os secularistas ansiosos de hoje fazem o possível para silenciar. Um poder que chama, confronta, transforma e, depois, mune cada vez mais pessoas de todos os contextos concebíveis para serem, por sua vez, testemunhas poderosas do Jesus que conhecem e amam. A mensagem do evangelho insiste que o indicador que vimos como fragmentado era realmente um verdadeiro sinalizador da realidade máxima de Deus e do mundo, mas, assim como nos outros seis, só conseguimos discernir seu significado quando o abordamos à luz da história de Jesus e sua morte.

# CONCLUSÃO
## CONSERTANDO OS INDICADORES FRAGMENTADOS

É HORA DE UNIR OS TÓPICOS DA NOSSA DISCUSSÃO. Deixe-me resumir aonde penso que chegamos.

Descrevi os sete temas — justiça, amor, espiritualidade, beleza, liberdade, verdade e poder — como "indicadores fragmentados". Com isso, quero dizer duas coisas. Em primeiro lugar, meu argumento é que os desejos humanos universais por esses itens são todos sinais genuínos do fato de que nós, seres humanos, somos feitos por um Criador bom e sábio. Isso faz muito sentido principalmente quando juntamos todos os sete.

Porém, em segundo lugar, em decorrência de como as coisas estão atualmente, descobrimos que cada um deles é "fragmentado", isto é, não conseguem cumprir o que parecem prometer ou, talvez devêssemos dizer, que *nós* não os cumprimos. Sabemos que a justiça, a liberdade, a verdade e os outros são muito importantes, mas os ignoramos convenientemente quando nos convém e, aparentemente, somos muito ruins na criação de sistemas para fazê-los acontecer. Como resultado, é bem possível que as pessoas olhem para esses diversos anseios e para essas aspirações humanas e tirem todo tipo de conclusões diferentes, uma das quais seria o fato de serem apenas desenvolvimentos evolutivos acidentais e não terem significado algum além disso.

Entretanto, o modo pelo qual cada um dos indicadores "falha" – a justiça é negada, o amor é pisoteado, o poder é abusado, e assim por diante — corresponde de uma maneira quase estranha à forma como, nos quatro evangelhos, e, principalmente, no relato majestoso de João, Jesus de Nazaré foi entregue à morte, com um tribunal faz-de-conta, amigos o traindo e o negando, a verdade sendo motivo de zombaria e todo o resto. Sugiro que essa seja a razão pela qual a crucificação de Jesus ainda tenha efeito em diferentes culturas humanas, bem como em nosso mundo aparentemente "secular", como um sinal de esperança, um indicador estranho de um Deus radicalmente diferente de todos os outros "deuses". A crucificação de Jesus ressoa com os indicadores fragmentados, dos quais todos os seres humanos são ao menos levemente conscientes. Na verdade, a cruz, com toda a ironia e o horror que a acompanham, deve ser vista como o indicador fragmentado máximo.

Qual é a consequência disso? Argumentei que, para que esses indicadores "funcionem" como sinais externos da presença e realidade do Deus verdadeiro, para comunicar essa realidade, essa presença e principalmente esse amor aos que não têm fé, é fundamental que os seguidores de Jesus usem esses indicadores para moldar suas vocações. Quando aqueles que procuram contar aos outros sobre o Deus da criação e da nova criação e sobre o fato de ele ter enviado seu Filho para exercer seu amor salvador estão trabalhando, em suas comunidades, com projetos que demonstram uma paixão pela justiça, pela espiritualidade, pela beleza, pelo exercício correto e humanizador do poder, entre outras coisas, irão se tornar aparente não apenas que querem dizer o que dizem, como também que o Deus de quem falam está realmente presente, ainda que misteriosamente, e agindo no mundo para concretizar sua nova criação.

Desse modo, o que tentei fazer nesse pequeno livro foi fundamentar toda essa linha de pensamento especificamente no evangelho

CONCLUSÃO: CONSERTANDO OS INDICADORES FRAGMENTADOS

de João. João é o evangelho da criação e da nova criação, do "testemunho" de Jesus e, portanto, do Pai, dos gregos que vêm à festa e da vitória sobre os poderes das trevas. Exploramos esses temas tanto em relação ao próprio Jesus quanto aos muitos indivíduos que tiveram contato com ele durante sua carreira pública, em alguns casos, com conversas vívidas e impacto transformador. À medida que esse livro avança, minha esperança e oração é que muitos que o leiam sejam levados, talvez por meio da meditação silenciosa no evangelho de João, não só a uma fé e esperança mais profundas, mas a desenvolver essas vocações em suas próprias comunidades. A justiça, o amor, a espiritualidade, a beleza, a liberdade, a verdade e o poder não precisam permanecer tão indefinidos quanto parecem às vezes. Pelo poder do Espírito de Jesus, o Messias crucificado e ressuscitado dentre os mortos, esses indicadores podem se tornar genuínos, sinais corrigidos, símbolos missionários. Eles apontarão ainda mais claramente, na misericórdia de Deus, para a cruz de Jesus e para sua ressurreição como o começo e o sinal da nova criação. Essa "testemunha" é a maneira de João abordar uma das principais tarefas da igreja: mostrar ao mundo mais amplo, em ação e discurso, que os acontecimentos relacionados a Jesus dão sentido ao mundo que conhecemos. Não são sobre escapar da criação, e sim sobre seu cumprimento.

Na verdade, esses acontecimentos dizem respeito aos questionamentos confusos do mundo ("O que é justiça? Por que ela não funciona?", e assim por diante), exatamente o que Jesus fez com Natanael, Nicodemos, a mulher de Samaria e muitos outros, terminando com Pôncio Pilatos. A história de Jesus, como João conta, leva essas questões muito a sério, tão a sério que ele analisa a questão real para dar a resposta mais verdadeira.

Assim, a história de Jesus oferece uma nova estrutura para a compreensão do mundo — a estrutura da vitória sobre a corrupção, a morte e a apresentação da nova criação. As perguntas antigas eram as perguntas certas, indicando um sentimento humano profundo de que o mundo não é como deveria ser. Essa intuição está correta, e é por isso que os indicadores parecem estar fragmentados. João nos diz o que o criador Deus fez, está fazendo e fará, por meio de seu Filho e de seu Espírito, para consertar as coisas. Os indicadores — devidamente corrigidos — nos oferecerão o modelo para nossa missão liderada pelo Espírito, enviada ao mundo como o Pai enviou o Filho.

# ÍNDICE

## Antigo Testamento

**Gênesis**
  1, 34, 108
  1:26, 172
  1:28, 172
  3, 173
  6:4, 94
  28:10–22, 92
  28:16, 109

**Êxodo**
  3:14, 161
  4:22, 80
  12. 127
  19:6, 107
  25:3–7, 107
  25–30, 106
  28:2, 104
  28:40, 104
  35–39, 106
  37:6–9, 113
  40, 34, 56
  63:9, 65

**Deuteronômio**
  7:7–8, 64
  7:9, 64
  27–29, 130
  30, 130

**2Samuel**
  7:1–17, 56
  7:12–14, 91

**1Reis**
  3:6–9, 173
  8, 54, 79

8:27, 76
22, 175

## Jó

1:6, 94

## Salmos

2, 93
2:7, 91
2:10, 175
8, 108, 173
19, 78, 105
19:1–4, 105
19:7–10, 77
33:6, 103
65:8, 105
72, 176, 183
72:1–2, 8, 12–14, 174
72:19, 174
84:4, 76
88:18, 48
89:26–27, 91
96:6, 104

## Isaías

6:1–13, 76
40:1–11, 79
40:6–8, 103
40:8, 66
40:11, 108
40–55, 66
43, 65
52:13, 38
52:13–53:12, 38
53:3, 180
54:7–8 10, 66
55, 84
55:10–11, 103
55:11, 66
63:9, 65

## Jeremias

17:9, 130
31, 89, 131
31:2–3, 9, 65

## Ezequiel

1–10, 76
34, 108, 109
36, 89, 130
43, 56
47:1–12, 85

## Daniel

7, 92, 186

## Oseias

11:1, 94
11:1–2, 65
11:3–4, 8, 65

## Zacarias

1:16, 56
2:10–11, 56
11:11–17, 108
13:7, 108

### Malaquias
1:5, 11, 14, 133
3:1, 56

--- **Período intertestamentário** ---

### Sabedoria de Salomão
6:1, 175

--- **Novo Testamento** ---

### Marcos
7:20–23, 130
9:1, 167
10:35–45, 176
12:12–19, 82

### João
1, 103
1:1, 58
1:1–18, 34
1:5, 154
1:10, 115, 116
1:10–11, 154
1:11, 50
1:12, 80
1:12–13, 86
1:13, 87
1:14, 94
1:17, 149
1:18, 162
1:35–51, 93
1:50, 92
1:51, 92
2, 57, 140
2:5, 140
2:11, 104
2:13–25, 54
2:16, 55
2:19–22, 55
2:21, 79
3, 85
3:3, 86
3:5–8, 87
3:14, 38
3:16, 26, 49, 51
3:19–21, 26
3:22, 86
4:15, 151
4:17–18, 151

INDICADORES *fragmentados*

4:21–24, 88
4:23–24, 152
5:18, 28
5:22–27, 27
5:31–38, 28
6:4, 127
6:16–21, 128
6:19–20, 161
6:31–35, 128
6:35,48, 162
7:1, 28
7:12, 28
7:20, 28
7:24, 28
7:37, 117
7:37–38, 84
7:39, 61, 80
8:1–11, 29
8:7, 29
8:10, 29
8:12, 161
8:14–15, 29
8:15–16, 28
8:31–32, 152
8:31–36, 129
8:39–47, 157
8:43–47, 153
8:44, 30
8:46, 29
8:48, 52, 30
8:59, 155
9:5, 161
9:39, 30

10, 118
10:1–5, 109
10:1–18, 108
10:9–10, 109
10:11, 14, 161
10:14–15, 59
10:27–30, 59
10:30, 94
11:1–16, 110
11:6, 21, 32, 50
11:16, 110
11:25, 161
11:35, 51
11:39–41, 111
11:41–42, 111
11:43, 111
11:44, 111
11:47–50, 133
11:52, 134
12, 188
12:20–33, 185
12:31–32, 31
12:32, 38
12:47–50, 32
13, 140, 184
13:1, 49, 128, 184
13:2,27, 187
13:10, 85
13:12–15, 61
13:30, 86
13:34–35, 62
13–17, 82
13–19, 62

14:6, 150
14:9, 94
14:12, 151
14:15–17, 158
14:23–24, 63
14:30, 32, 187
15, 138
15:1, 161
15:1–8, 81
15:3, 85
15:13–14, 49
15:15, 83
15:26–27, 158
16:8–11, 36, 187
16:12–15, 159
17, 81, 159
17:15–19, 159
18:5, 6, 161
18:10, 183
18:33–36, 182
18:36, 86
18:37–38, 149
18–19, 181
19:5, 190
19:11, 36
19:12, 181
19:15, 149
19:25–27, 62
19:30, 188
20, 33, 37
20:1–10, 112
20:6–7, 112
20:11–12, 114
20:13–18, 115
20:19–23, 158
20:21, 36, 85, 135, 189
20:22, 80, 189
20:28, 93
20:30–31, 93
21, 33, 190
21:15–17, 84
21:22, 189

## Romanos

1:3–4, 188
5:8, 67
13:1–7, 189

## 1Coríntios

2:8, 157
15:20–28, 127

## 2Coríntios

12:10, 177

## Gálatas

2:20, 50
3, 189

## Filipenses

2:6–8, 61
3:20–21, 189

## Colossenses

1:15–16, 179
1:19, 179

INDICADORES *fragmentados*

1:20, 1798
2:9, 179
2:15, 179

**1Pedro**

2:13–17, 189

**1João**

1:8, 148

**Apocalipse**

1:6, 181
5:10, 181

Livros da série de comentários

## O NOVO TESTAMENTO PARA TODOS

JÁ DISPONÍVEIS pela **Thomas Nelson Brasil**

*Mateus para todos: Mateus 1—15 • Parte 1*
*Mateus para todos: Mateus 16—28 • Parte 2*
*Marcos para todos*
*Lucas para todos*
*João para todos: João 1—10 • Parte 1*
*João para todos: João 11—21 • Parte 2*

*Paulo para todos: Romanos 1—8 • Parte 1*
*Paulo para todos: Romanos 9—16 • Parte 2*
*Paulo para todos: 1Coríntios*
*Paulo para todos: 2Coríntios*
*Paulo para todos: Gálatas e Tessalonicenses*
*Paulo para todos: Cartas da prisão*
*Paulo para todos: Cartas pastorais*

**Outros livros de N. T. WRIGHT pela Thomas Nelson Brasil**

*Como Deus se tornou Rei*
*Paulo: uma biografia*
*Salmos*
*Simplesmente Jesus*

Este livro foi impresso pela Lis Gráfica, em 2020, para a Thomas Nelson Brasil. A fonte do miolo é Adobe Garamond Pro. O papel do miolo é pólen soft 80g/m², e o da capa é cartão 250g/m².